悩める時の百冊百話

人生を救うあのセリフ、この思索

岸見一郎
哲学者

813
中公新書ラクレ

はじめに——人生の意味を求めて

人が本を読む理由は様々である。

私は情報収集や知識を得るために本を読むことはない。本を読めなければ生きていけないと思うほど若い頃から本を読んできたが、毎日何冊も読むような多読家ではなく、蔵書家でもない。一冊の本を読み通すのに何十年もかけたり、同じ本を繰り返し何度も読んだりすることもある。

端的にいえば、私は人生の意味を求めて本を読むのだが、これはあまり一般的ではないかもしれない。苦境に陥った時には、本を読むことが救いになる。誰にも悩みを打ち明けることができなくても、本の中で目に留まった言葉が生きる糧になる。

人生の意味については古来哲学者が考えてきたが、本書で私は哲学だけではなく幅広いジャンルの本の中から言葉を引きながら、人生について考えていきたい。

小説など文学書を多く引用するのにはわけがある。自分の人生で経験できることには限りがあるからである。他者の人生を追体験することから学べることは多い。

すぐに気づかれると思うが、「名著」や「古典」ばかりを引用しているわけではない。人生に影響を与えるのは、評価の定まった本とは限らない。名著を読んでも、往々にして心に響かない。

一方で、新聞などに載る書評やネット上のレビューなどを見て、何を読むか決める人もいる。そんなふうに人の噂話ばかり当てにしないで、自分で読む本を決めたい。もしも今の自分には響かないと判断したら読むのをやめるだけである。

人生の意味を求めて本を読むようになると、線を引いたり、書き写したりしたくなる言葉が目に留まるようになる。後になってどんな文脈で語られた言葉だったのか思い出せないこともあるが、それでも、その言葉が何らかの影響を与え、考えるきっかけになる。

もう何年も前に私は心筋梗塞で倒れ、入院したことがある。テレビを観たり、音楽を聴いたりすることはすぐに許されたが、本を読むのは許されなかった。おそらく、本を読むと頭を使うから、それがストレスとなり心臓に負担になるということだったのだろう。

しかし、本を読まなかったら時間が進まなくなってしまった。私は、看護師さんに本を読んでいないと思考が拡散すると伝えた。拡散するだけならいいのだが、これからの人生のことまで考えてしまうと不安になったのである。しかし、本を読んでいれば著者の思考を追うだけなのでストレスにならない。だから、早く本を読ませてほしいと訴えたところ、本が好きな主治医はすぐに読書を許可してくれた。

実際は読書でも思考はあちらこちらに飛んでいく。グライダーは空を飛ぶ時に、他の飛行機や車に牽引されて離陸し、空に舞い上がった後でワイヤーが切り離される。その後は自力で風に任せて滑空する。

読書も人を高いところまで連れて行く。その後は、グライダーのように自由に考えなければならない。もちろん、最初から自力で深く考え、高みまで到達することはできるが、読書は人をまず高いところまで連れて行く。思考を助けるのである。

読書は本を読み終わったところで終わらない。こうの史代《ふみよ》は『夕凪の街　桜の国』のあとがきで次のように書いている。

〈このオチのない物語は、三五頁で貴方の心に湧いたものによって、はじめて完結するものです〉

結末は読者が創る。時に本から大きく外れ、思考は自由に羽ばたいていくが、墜落することはない。

目次

本文ＤＴＰ／今井明子

〈編集部注〉

①外国語文献の引用については特記以外、著者による翻訳である。

②日本語文献の引用については、旧字旧仮名は新字新仮名に改めた。

悩める時の百冊百話

人生を救うあのセリフ、この思索

第一章

人とのつながり

倚りかからないで生きる

一人でいるとき淋しいやつが
二人寄ったら　なお淋しい

（茨木のり子「一人は賑やか」）

倚りかかるとすれば
それは
椅子の背もたれだけ

（「倚りかからず」）

茨木《いばらぎ》のり子のことは知っていたが、詩やエッセイを読むまでには至らなかった。茨木が「倚りかかりたくない」といっているのは、できあいの思想、宗教、学問、権威である。

（「倚りかからず」）

〈じぶんの二本足のみで立っていて
　なに不都合のことやある〉

私は研究者として長く生きてきたので、何かを主張する時にはいつも慎重にならないわけにいかない。学生の頃は哲学者の書いた本について、従前とは違う解釈をするような論文ばかり書いていた。やがて、哲学者の思想を解説することには飽き足らなくなり、自分で粘り強く考え抜いたことを自分の言葉で語りたいと思ったが、簡単ではなかった。私は過去の哲学者に引っ張られ、滑空するグライダーだった。いつかワイヤーを切り離さなければならないと思っていたが、いつまでも切れなかった。

対人関係も相手に依存するとうまくいかなくなるが、ほとんどの対人関係は依存か支配である。幼い子どもたちは大人に援助されなければ生きていけないが、やがて多くのことを親の力を借りなくても自分でできるようになる。ところが、親は子どもが成長したことに気づかないか、そのことを認めたくないので子ども扱いすることをやめず、子どもも楽なのでいつまでも親に依存し続ける。そのため、大人になってからも自立せず、周りの人に依存して生き続ける人がいる。

依存されることと責任

このイヌは絶対に自分の生活をもたず、ただ主人といっしょにいてこそ生きてゆけるという過度に忠実なタイプのイヌに属していた。私が何時間机にむかっていようと、私の足もとでじっと寝そべっていた。ものすごくよく機転がきき、鼻をならしたりして、主人の注意を自分にむけさせようとしたりはしなかった。彼女は私をチラッと見るだけだ。その琥珀《こはく》のように黄色い目は、ただ一つのことしか問いかけない。「いつになったら私を散歩に連れてってくれるんです？」この瞳《ひとみ》は怠惰な良心への催促であった。私はイヌを部屋に入れないときでも、イヌがドアの前にすわりこんでおり、その琥珀のように黄色い瞳で、ドアの把手をまじまじとみつめていることを意識した。

（コンラート・ローレンツ『ソロモンの指環』日高敏隆訳）

ソロモンは、指環を使って動物と話をしたという伝説のある古代イスラエルの王である。

私が、動物と話すドリトル先生に憧れ、動物とは話せないとしても、英語などの外国語の勉強を始めたのは中学生の時だが、動物と話してみたいという思いはその後もずっとあった。この本は後に、ローレンツのことを何も知らずに、タイトルにあるソロモンの名前を見て買ったのだろう。

オーストリアの動物学者であるコンラート・ローレンツは、メスのアルザス種のシェパードのティトーを飼っていた。私は『ソロモンの指環』を読んで、犬を飼いたいと思うようになった。

ところが、シェパードをペットショップで見かけることはなかった。どこで手に入れられるか調べてみたところ、警察犬の訓練所に行けばいいことがわかった。訓練所に行くと、警察犬として訓練を受けている二頭のうちのどちらかであれば譲ってもらえることになった。迷うことなく、アニーという名前のシェパードを選んだ。生後七ヶ月だったので、ほぼ成犬と同じ大きさだった。

幼犬の頃から警察犬になるべく訓練を受けていたアニーは、私が引き取ったために警察犬にはなれなかった。そのことがアニーにとってよかったのかどうかはわからない。

家族の一員となったアニーは、私が仕事をしている間、ローレンツが飼っていたティトーと同じように、いつも私の足元で待っていた。トイレに行こうと思って立ち上がると、散歩に連れて行ってもらえると思って狂喜した。「ごめん、まだ散歩の時間ではないのだ」というと、大きなため息をついて、また私の足元に寝そべった。アニーをいつも待たせていると思うと仕事に集中できないので、部屋の外に出した。それでも、ドアの向こうにいるのがわかった。

家族として共に暮らせたことはありがたかった。自動車に乗せて泊まりがけで旅行したこともある。やがて、私の子どもたちが生まれると、アニーは「姉」になった。

アニーが亡くなった時は、子どもを失ったかのように悲しかった。今も夢の中にアニーと暮らしていた家が出てくることがある。引っ越したので、その家に住まなくなって久しい。夢の中でアニーは私がいないのに、ずっとその家で待っている。何も食べていなかったのではないかと、私は長い不在をアニーに詫びている。人手に渡った家は取り壊された。アニーは今はどこにいるのだろうか。

アニーは私に依存して生きているように見えたが、そうするしかなかったのである。依存の反意語は自立だが、自立できるのに依存するのと、依存することでしか生きられないのとでは大きな違いがある。野生でない犬は人間に依存しなければ生きていけない。

犬は人に頼らないと食事できないし、外にも出ていけない。自立して生きるという選択肢がないのであれば、犬は人間に依存しているのではなく、人間と共生しているというべきである。

キム・エランの短編小説を読んだ時に、中学生の時に飼っていた犬のことを思い出した。どういう経緯でその犬が我が家にやってきたのかは覚えていない。食事の世話は母がもっぱらしていたが、散歩は私の役目だった。父は犬と一緒にいるといつも上機嫌だった。ジョンという名前をつけた。なぜその名前にしたのかは覚えていないが、中学生になって学び始めた英語の教科書に出てきた名前だったのかもしれない。

キム・エランの小説に、父親を亡くしたばかりの九歳のチャンソンの話が出てくる。彼はある日祖母が働く高速道路のサービスエリアで犬を見かけた。

その犬をエヴァンという名前で呼ぶことにした。彼は祖母にエヴァンを飼いたいといったが、祖母は拒んだ。犬の世話は大変だからだ。

〈梃子《てこ》でも動かぬ祖母に焦ったチャンソンはあることを口走ってしまったのだが、それというのが言った本人もびっくりの内容だった。そう、つまりエヴァンに……自分が「責任」を持つと。生まれてはじめて口にした言葉だった〉

（「ノ・チャンソンとエヴァン」『外は夏』所収、古川綾子訳）

ところが、エヴァンは、病気のために日毎に弱っていった。動物病院に連れて行くと、安楽死を勧められた。その処置を受ける費用を稼ぐためにチラシ配りのアルバイトをした。エヴァンの生殺与奪の権を担うことになったチャンソンの責任はあまりに重かった。

私は犬のことを知りたくて、毎月『愛犬の友』という雑誌を買っていた。中学二年生の夏休み、自転車で雑誌を買いに行った帰りにバイクと正面衝突した私は、重傷を負って入院した。私の入院中は母親がジョンの世話をし、散歩にも連れて行っていたが、ジョンがどうしているか気になって仕方なかった。

ジョンが死んだのは、私が退院して間もなくのことだった。ある日、川の近くを散歩していた時、ジョンの姿が見えなくなった。誰もいない河原ではいつも紐を外して自由に走らせていたのである。ようやく姿を現したジョンは鳥の死骸を口に咥《くわ》えていた。それを食べたかはわからなかったが、ジョンが死んだのはそのことに関係があると思った。鳥の骨は裂けるので犬に食べさせてはいけないと雑誌に書いてあったのを思い出した。しかし、その日のことを親にも話せなかった。

それから時が巡って、私は父の介護をすることになった。実家から離れて一人暮らしをしていた父を呼び戻した。その時、愛犬も連れてきた。チロという名の柴犬は父にとって心の支えだったのだろう。

その父が入院した。入院中は私がチロを散歩に連れて行っていたが、介護の負担が増したためその後妹の家に引き取ってもらうことにした。そのチロがある日妹の家からいなくなった。父は大事にはならず退院できることになって安堵したが、家に帰ってきた時に、チロがいなくなったことを知ったら、さぞかし嘆き悲しむだろう。そう思うと心が塞いだ。ところが、病院から家に帰ってきた父は、チロのことをすっかり忘れていた。認知症が進行していたのである。兆候は入院する前からもあったが、入院して環境が変わったために症状が重くなったようである。

はたして、私は飼っていた犬たちに、また認知症を患っていた父に「責任」を果たせたのだろうかと今も思う。

言葉がなくても

そいでもって
わたしが
人間になったときは

一番はじめに
あんたに
「ありがとう」って
言うわね……

（大島弓子『綿の国星』）

人間になりたい猫のチビは言葉を発することはできないが、人間の言葉を完全に理解している。ただし、人間のほうはそうは思っていない。

そのチビの目を通して見られた人間の世界には、何もかも理不尽というわけではないけれども、おかしなところが多々あることに気づかされる。

他の文化で生まれ育った人も、今生活している国の人の言動をチビのように見ているだろう。文化はいわばその国の常識の集大成なので、ある文化の中で生まれ育った人は、その文化で自明で常識となっている考えに無意識に囚われている。それが当然であり、さらに正しいと思っている人は、たとえ言葉を理解できたとしても、違う文化で生まれ育った人を理解できないことがある。

チビは人間の言葉を理解できるが言葉を発しないので、人間はチビが何も理解できないと思っている。言葉を理解できなければ、他者を理解するのは難しい。チビのように言葉を発しない場合は、さらに理解は難しい。

幼い子どもが突然泣き出した時も、周りの大人は子どもがなぜ泣いているのかわからないことがある。しかし、言葉は発しなくても子どもや動物のことをまったく理解できないわけではない。

私がアニーと長く暮らして考えたのは、言葉を介さなければ理解することはできないのかということだった。動物は言葉を発することはできない。しかし、自分が飼っている犬や猫は言葉がわからないと思っている人はいないのではないか。幼い子どもに話しかける時、この子ははたして言葉がわかるだろうかと思って話しかけたりはしないだろう。親の言葉を理解していると思って、話しかけるのである。

たとえ、実際には言葉が理解できないとしても、子どもの夜泣きがなかなか止まないような時に叱りつけたりすれば、子どもは叱られているのはわかるので、いよいよ泣き続ける。

私の母は四十九歳の時に脳梗塞で倒れ、やがて意識を失った。それでも、家族はもとより、医師や看護師も母に話しかける時には理解していることを前提に丁寧に話しかけていた。

しかし、中には、「意識があることはあるみたいね」とか「(挿管した時) 歯が二三本折れたけど、退院したら治してやって」というような言い方をする看護師もいた。たしかに、母のその時の意識レベルは低下していたが、母は「もの」ではなかった。歯が折れることは母の立場に身を置いて考えれば、意識があるとかないとかという問題以前に、苦痛であることはわかるであろうし、そんなことに思いも及ばないように聞こえる発言はひどく無神経に思えた。

いきなり信じる

――「日本に行けたらなあ……」

彼は夢を見るような表情を浮かべて呟いた。

（沢木耕太郎『深夜特急1』）――

沢木耕太郎が香港に滞在していた時、失業中のある若者に会った。日本に行けたらと夢見るような表情で語るその若者と沢木はソバを食べた。食べ終わると、彼はソバ屋のオバサンに、中国語で何かを話しかけ、グッバイと言い残して、料金も払わずに帰ってしまった。沢木は、もちろん、自分で金を払うつもりだったからかまわないが、礼の一つくらいあってもいいのではないかと思った。見事な手際で集《たか》られたことにがっかりしながら、ソバ代を払おうとすると、オバサンはいらないという。彼がどうやらこういって立ち去ったらしいと沢木は理解した。

〈明日、荷役の仕事にありつけるから、この二人分はツケにしておいてくれ、頼む……〉（前掲書）

自分が情けないほど、みじめに思えてくる、と沢木はいう。

〈情けないのはおごってもらったことではなく、一瞬でも彼を疑ってしまったことである。少なくとも、王侯の気分を持っているのは、何がしかのドルを持っている私ではなく、無一文のはずの彼だったことは確かだった〉（前掲書）

相手が約束しても、本当にその約束が守られるか信じられないことはある。和辻哲郎は次のようにいっている。

〈信頼の現象は単に他を信ずるというだけではない。自他の関係における不定の未来に対してあらかじめ決定的態度を取ることである〉（『倫理学』）

明日、荷役の仕事があるかはわからない。この若者がほぼ確実だからツケにしておいてくれという約束をした時、彼は「不定の未来」に対して決定的態度を取った。当てにしていた仕事にありつけなければソバ代は払えない。約束をしても、気が変わることもありうる。未来は「不定」なので、その不定で未知の未来は信頼で補わなければならない。
だから、「信頼は冒険であり賭けである」（前掲書）のだが、この人は本当に信頼できる人かどうかを調べてから信じるのではない。

〈人が信頼に値する能力を持つことを前提として、いきなり彼を信ずる。それが他への信頼である〉（前掲書）

ソバ屋のオバサンは「いきなり」若者を信頼した。沢木がこの若者の行動を理解できなかったのは、中国語がわからなかったからではない。彼を信頼できなかったからである。

誤解を受け入れる

> イーヨーの弟は、また一拍置くように考えこみ、みるみる真赤になった。かれは父親の誤解における自分の像を恥じたのだ。（大江健三郎『新しい人よ眼ざめよ』）

障害を持って生まれたイーヨーには弟と妹がいる。イーヨーが通う養護学校では一学期ずつすべての生徒が校内にある寄宿舎に入ることになっていた。

〈寄宿舎入りがまぢかということもあり、両親の関心がイーヨーに集中している。イー

ヨーの弟と妹は、とくに父親から無視されていると感じるところがあったのらしい〉
（前掲書）

特別な時だけでなく、親はどうしても手のかかる子どもに関心を向けなければならない。そのことを嬉しく思わないきょうだいはいるが、イーヨーの弟と妹はしっかりと兄の手助けをした。

小説の中で、弟が病気になる話が出てくる。父親は、もしも腎臓を摘出しなければならないとしたら、自分か母親かイーヨーの三人のうち誰の腎臓を一つ移植するかという相談をした時に、誰の腎臓をもらうつもりだったかと、弟に問う。

〈そうだねえ、（中略）イーヨーは「ヒダントール」をのんでいるからね〉
（前掲書）

イーヨーはてんかんの発作が起きることがある。ヒダントールは発作を抑える薬である。父親は臓器の性能で判断するのか、それはあまり「エゴイスチックな選択」というものではないかと思ってムッとしたが、父親の誤解だった。

〈――イーヨーは「ヒダントール」をのんでいるから、とかれは正確をめざして繰りかえした。抗てんかん剤というようなものは、有害な成分もふくんでいると思う。それを処理するためには、腎臓がふたつなければ無理じゃないの？〉
（前掲書）

父親は謝り、イーヨーの弟の「配慮の適切」を認めた。弟は「父親の誤解における自分の像」を恥じた。

間違いに気づいた時、すぐに謝れない人は多い。誤解しているかもしれないとは思わない。自分の最初の言葉では誤解されていることを知った弟は、自分の発言の意図を言葉を尽くして説明しなければならないことを知ったであろう。

説明を聞いた父親は自らの不明を恥じたであろうし、次からは先入見に囚われて判断しないよう努めたであろう。

私の息子が四歳の時、娘が生まれた。ある日、夜遅い時間に息子と妻が一階にあるトイレに一緒に降りて行った。突然、母親がいなくなったことに気づいた零歳の娘が大泣きを始めた。

しばらくしたら、息子が大きな音を立てて、階段を上がってきた。その日は横浜に住んでいる父が帰ってきていた。父は一階の部屋で寝ていた。それなのに、息子が大きな音を立てて上がってきたので注意しようとしたら、私の発言を制してこういった。

「もしも僕が、大きな音を立てて階段を上がってきたら、＊＊ちゃんは、お母さんが上がってきたと思って、泣き止むと思った」

この話を聞かないで、いきなり叱っていたら、子どもとの関係は損なわれただろう。このような時には、きっと何か理由があるのだろうと思って、冷静になる必要がある。簡単なことではないが。

信用の試験

「諸君の試験が監督されるということは、諸君が信用されていない、つまり諸君の人格が侮辱されているということです。諸君はそれを侮辱と感じなければいけません。わたしは諸君を信用せずに諸君を教育できるとは思わない。しかしわたしの見ていないときに万一不正が行われれば、それを放っておくわけにもゆかない。わたしは諸君を信用します。どうか信用を裏切らないで下さい。わたしのためにではなく、諸君自身の名誉のために……」

（加藤周一『羊の歌』余聞』）

加藤周一は中学生の時に、「一人の尊敬すべき人格」（前掲書）に出会った。生徒から「ネギ先生」というあだ名で呼ばれていた図画教師である。先生は生徒を「独立の人格」（前掲書）として扱おうとした。先生は、中学校の最初の試験を生徒を信用し監督なしの試験にしたいといい、先に引いた話をして教室から出て行った。
監督なしの試験は失敗した。中学生には「人格に対する侮辱」を侮辱として受け取るだけの人格の観念はなかった。
〈学校の教育方針は、監督された試験で、「またおそらくは監督された人生で」よい成績をあげる生徒をつくることにあり、その試験に監督を必要としない生徒をつくることにはなかったのです〉（前掲書）
今も教育の現状は戦前と少しも変わっていない。
〈監督なしの試験が正しく行われるためには、権威に従うのではなく、みずから定めた掟に従う自由な精神の道徳が必要なはずで、ネギ先生こそは、そういう道徳をもとめていたのです〉（前掲書）
権威的な教育――家庭教育であれ、学校教育であれ――は、自分の判断では動かず、権威のある人に従っている限り、何か問題が起きても自分は責任を取らなくていいと考える子どもや生徒を育てることになる。茨木のり子の言葉を借りれば、椅子の背もたれには倚りかかるが、いかなる権威にも倚りかからない人に育てなければならない。
また、権威的な教育を受けると、自分にとって得になることしか考えなくなる。生徒や学生であればいい成績が取れるのなら、社会人であれば昇進できるのなら、カンニングをしたり虚偽の発言をしたりすることも辞さない。

加藤のエピソードは、「みずから定めた掟に従う」ことがいかに困難であるかを教えるが、私は教師が「わたしは諸君を信用します。どうか信用を裏切らないで下さい」というようなことをいわずに、教室を出て行ったとしたらどうなっていただろうと想像する。

高校三年生の夏休みに、英作文の補習を受けた時のことを思い出した。先生が配ったプリントにある問題文を英語に直し指名された生徒が答えを黒板に書いた。先生は解説しながら、生徒の作文に手を入れた。

私は配られた英作文のプリントを見て、この問題は先生が自分で作ったのではないだろうと思った。そこで、私は、学校の帰りに書店へ行って、英作文の問題集を何冊か手にとって調べたところ、すぐに先生のプリントと同じ問題が載っている問題集を見つけた。

私はその本を買った。翌日の予習をしている時、その本についている解答集を見たくなった。さすがに最初から見てはいけないだろうと思ったが、自分で作文した後に解答を見るのであれば許されるだろう。そう思って、答えを一度見てしまうともう止められなかった。答えを見て自分の作文に手を入れ訂正した。答えを写したわけでなく、あくまでも参考にしただけだと自分に言い聞かせ、翌日授業に出た。

先生は答えを見て作った私の英文を訂正しなかった。そして、私にこういった。「君は英語ができる」と。こういわれた私は、それ以来先生の期待に応えなければならなくなった。しかし、先生によくできる生徒だと認められても、すぐに肝心の英語の力がつくはずはなかった。

今も英文を書くことには苦手意識がつきまとう。それを克服するためには日々研鑽を重ねるしかない。力をつけるためには、間違うことも恐れてはいけない。それなのに、「君は英語ができる」という言葉を聞いた私は、間違いを恐れるようになった。

大学院を終えた私は、奈良女子大学で古代ギリシア語を教え始めた。そこでも、私と同じように間違いを恐れる学生は多かった。私は間違えても、できない学生だとは見なさないといわなければならなかったが、かつての自分を見ているような気がした。

ネギ先生の信用は、生徒が監視されなければ不正を犯す可能性があることが前提である。しかし、私の先生は「諸君を信用します」というようなことはいわなかった。試されることもなかった。あらかじめ解答を見て授業に出てくるような生徒がいるとは思いもよらなかったのだろう。このような教師に対して信頼に応えないのは難しい。

中世哲学の先生がラテン語を教えていた時のこと。ある年から教科書に解答集がついた。語学の授業では普通、解答集がついていないものを使う。正解を見てしまうと、自分では考えず力がつかないからである。先生は学生たちが購入した教科書に解答集がついたことを知らなかった。学生は予習する時に、その解答を見て授業に臨んだ。今年の学生は優秀だと先生は喜んだ。

学生の一人が夏休み明けの最初の授業で皆の解答集を回収し、今年の授業が終わるまで預かってほしいと先生に手渡した。先生は学生の成績がよくなると、何か理由があるに違いないと疑うことがある。しかし、少しも疑わない先生に教わると、学生は教師の信頼に応えるしかないと思うようになる。

友だちと思って

「ミッチェル?」出席簿を読み上げるモリーの声。

手を挙げる。

「ミッチの方が好きかい? それともミッチェルでいいのかな?」

教師にこんな質問をされたことはない。ぼくは、黄色いタートルネックに緑のコーデュロイパンツ、額に銀髪を垂らしたこのおじさんを見直した。にこにこ笑っている。

ミッチです。友だちはみんなそう呼んでいます。

「じゃあ、ミッチだ」と、まるでそれで手を打ったっていうような言い方をする。

「ところで、ミッチ」

はい？

「そのうち私のことを友だちと思ってくれるようになるといいな」


（ミッチ・アルボム『モリー先生との火曜日』別宮貞徳訳）


ミッチ・アルボムの『モリー先生との火曜日』には、「人生の意味」をテーマに、ＡＬＳ（筋萎縮性側索硬化症）に侵されていたモリー・シュワルツ先生が、かつての教え子で後にスポーツコラムニストになるミッチ・アルボムを前に行った講義の内容が記されている。

ここに引いたのは、ミッチが学生時代、初めてモリー先生の研究室に行った日、出席を取る時に交わされた会話である。教師の方から、学生に友だちと思ってほしいというようなことは普通はないだろうし、私もこんなことを学生にいったことはない。

しかし、教師と学生は役割は違っても、人間としては対等であると思って学生と接してきた。だから、学生を叱るようなことは一度もしたことがない。

私が高校生の時に教わった蒲池《かまち》潔《きよし》先生とは一度も親密な話をしたことはなかったが、先生が生徒を対等な存在と見なしているのが伝わってきた。先生は、知らないのに知っているると思ったり、曖昧な知識を身につけたりすることを許さなかった。授業は高校生だからといってレベルを落とすことはなく、高度なものだった。古代ギリシア語を初めて学んだのも、この先生からだった。

教師が対等に見ていても、生徒や学生はそうは見ていないかもしれない。古代ローマの皇帝にしてストア派の哲学者でもあるマルクス・アウレリウスが次のようにいっている。

〈死にゆく時に、幾人かの者が今起こっている不幸な出来事を喜んで傍に立っているということがないほど幸福な者はいない。彼が立派で賢い人だったとしよう。最期になって、こう独語する者が誰かいるだろう。「我々はこの「先生」から解放されて一息つけるだろう。彼は我々の誰にも怒ったりはしなかった。しかし、私は彼が無言で我々を裁いていると感じていた」〉。

これは立派な人の場合だ。だが我々の場合、我々から解放されたい者が多くいる理由が他にどれほど多くあることか。されば死にゆく時このことを思い、他ならぬ自分がこれだけ懸命になり、祈り、気遣った仲間たちさえもが私の去ることを欲し、そこから何か別の解放感が生じることを希望しているという、そのような生から私は出るのだということを考えれば、容易にこの世から去っていくことになるだろう。とすれば、なぜこの世にこれ以上長く留まることに執着するだろうか〉

（『自省録』）

自分ではそのつもりがなくても、煙たがられ窮屈がられているかもしれない。怒ることがなくても、裁かれていると感じる人はたしかにいるかもしれない。アウレリウスは賢帝と呼ばれるほどの人であったが、あるいは、有能な皇帝だったからこそ、周りの人は劣等感を感じたかもしれない。自分が死ぬことを待ち望んでいる人がいるかもしれないと思うと、生きることが虚しくなる。

私は、プラトンが『饗宴』の中で軍人であり政治家のアルキビアデスに語らせている言葉を思い出した。

〈ソクラテスは多くの人と対話をした。ソクラテスと話すと、生き方が吟味されることになる〉

（プラトン『ラケス』）

〈吟味を受けない人生は、人間にとって生きるに値しない〉

（プラトン『ソクラテスの弁明』）

しかし、吟味されることは心地いいことではない。ソクラテスと話したアルキビアデスはいう。

〈ところが、私は毒蛇よりももっと痛いものに、それも人が咬まれる場所でもっとも痛いところ、魂を咬まれたのだ——哲学の言葉によって〉（プラトン『饗宴』）

アルキビアデスは、恥ずかしい気持ち、つまりいまだわが身に多くのものを欠いていながら、それでいて、自分自身のことはそっちのけにして、アテナイの国事に携わっていることをソクラテスは否応なく認めさせるに違いないと恐れ、いっそのことソクラテスがこの世にいなくなったのを見れば、その時はどんなに嬉しいだろうとまで考えた。

もちろん、それはアルキビアデスの本心ではなかった。アルキビアデスが語る気持ちは、若いプラトン自身のものだったのであろう。これは本当の気持ちとは裏腹のものだったはずであり、後にソクラテスがいなくなることが現実になった時のプラトンの気持ちはいかばかりのものだっただろうかと、このくだりを読む時いつも思う。

怒らないでも生きていける

——復讐する最善の方法は、自分も同じような者にならないこと。——

――（マルクス・アウレリウス『自省録』）――

自分を省みるためには、自分を客観視することが必要である。アウレリウスは自分のためにだけ書いた『自省録』の中で、自分に「お前」と呼びかけ、自分自身と対話をしている。ギリシア語では「対話」は「デイアロゴス」、「ロゴス（言葉）を交わす」という意味である。

アウレリウスは、情念から自由になった心のあり方を「アパテイア」（不動心）といっている。これは「パトス（情念）がない」という意味である。アウレリウスは、自分自身に「お前」と呼びかけ、アパテイアではいられない自分自身と対話をしている。自分自身と対話をすれば自分を客観視することができる。

アウレリウスは「復讐する最善の方法」と書いているが、復讐することを勧めているわけではない。相手が怒りをぶつけてきたとしても、自分も同じようにしてはいけないという意味である。争いを煽る人は、やられたらやり返せというが、どれほど挑発されても、それに乗ってしまっては、争いはエスカレートするばかりで、問題の解決にはつながらない。

相手が怒っていても自分は怒らず、権力争いから降りると決めておく。権力争いから降りるというのは、正しさに固執しないということである。たとえ感情的にならなくても、自分は正しい思っていると権力争いになる。もちろん、自分が正しく相手が間違っていることはある。しかし、権力争いをしている人にとっては、正しさ自体ではなく、「私が」正しいことが重要なので、たとえ自分が間違っていて相手が正しいことが明らかになったとしても、自分の間違いを認めることはないだろう。

〈お前が怒りを爆発させたとしても、それでも彼らは同じことをするだろう〉（前掲書）

怒りを爆発させるとどうなるか。アドラーは、怒りは trennender Affekt, disjunctive feeling であるといっている（『性格の心理学』）。これは「人と人を引き離す情動」という意味である。我々の犯す誤りは、怒ることで相手との距離を遠くし、その上で問題を解決しようとすることである。対人関係の心理的な距離が遠ければ、たとえ相手がいっていることが正しくても受け入れようとしないだろう。

どうすれば、問題を解決できるだろうか。アウレリウスは次のようにいう。

〈怒らずに、教え、そして示せ〉（『自省録』）

相手の言動が間違っていれば、それを指摘するしかない。その際、相手を責めてはいけない。相手ではなく、相手の「言動」が間違っていると指摘するのである。

相手が誤っていれば指摘することは必要だが、「怒らずに」そうするのが難しいという人はいるかもしれない。指摘する前に、指摘してもいいかと断ったほうがいいかもしれない。そこまでして伝える必要があるかどうかは、相手の人生にどれほど関心を持っているかによる。

いつまでも親が子どもの人生に干渉することは望ましいことだとは思わないが、親が子どもの人生に親としてというよりは人間として関心を持つのであれば、自分の考えを伝えることはできる。

それができるためにも、子どもが本来自分で解決するしかないことに、親が土足で踏み込み、親の価値観と違うからといって止めるようなことがあってはならない。

安全圏にいる間は怒る

彼らは毛を逆立て、恐ろしげに牙をむき出して、そこに立ち止まった——が、垣根はなかった。

（コンラート・ローレンツ『人イヌにあう』小原秀雄訳）

犬が垣根越しに激しく吠えるには、垣根に隔てられていて相手の犬が決してこちらのなわばりに入ってこないことが保証されていなければならない。その保証がある限り犬は互いに威嚇し合うが、垣根が突然途切れて思いがけず対面した時、パニックに陥る。

人間も同じである。自分が誰であるか相手からわからない時にだけ誹謗中傷をする人がいる。自分が誰か特定されない（と思っているということだが）インターネットという安全圏では何をいってもいいと考えているのだろう。対面ではもとより、インターネット上であれ誰かが誰かを傷つけることは許されないが、匿名であれば普段とはまったく違う人格になるように見える人がいる。

対面している時も、感情的になってきつく叱りつける人はいる。上司は怒りを爆発させて部下を叱りつける。部下が失敗したのであれば、教えればいいのだが、そうしようとはしない。

上司が叱る理由は、自分が無能であることを有能な部下によって明らかにされるのを恐れているからだと私は考えている。だから、仕事とは直接関係のないことで部下を叱って部下の価値を貶めることで、相対的に自分の価値を高め優位に立とうとする。

この時、上司は部下を個人として叱るのではない。あくまでも、上司として叱る。部下との間には垣根があるので、部下から攻撃されることはない。

他方、部下は初めから身を守る垣根はないので、一方的に上司から攻撃される。上司のように、役職の垣根に守られながら上司を叱るわけにはいかない。
そこで、上司とは違う仕方で上司と向き合わなければならない。どうすればいいか。先にも引いたアウレリウスの言葉のようにするしかない。

〈怒らずに、教え、そして示せ〉（『自省録』）

真っ当な上司であれば、部下から間違いを指摘されることは恥ずかしいこととは思わないだろう。不正を追及されたら、冷静でいられるかわからないが、垣根がなくても部下と向き合えるという勇気を持ちたい。

第二章　与えるということ

与えることでつながる

それで　おまえは、
いちばん　きれいな　さかなでは　なくなるが、
どう　すれば　しあわせに　なれるかが　わかるだろう。
（マーカス・フィスター『にじいろの　さかな』谷川俊太郎訳）

マーカス・フィスター『にじいろの　さかな』は、青く深い遠くの海に住む「にじうお」と呼ばれる魚の話である。にじうおは虹のように様々な色合いのウロコをつけていた。その中のキラキラ輝く銀のウロコを見た魚は一枚おくれというが、にじうおは断った。

〈ぼくの　この　とくべつな　うろこを　くれだって？

いったい　だれさまの　つもりなんだ？〉　（前掲書）

この話が広まると、誰一人にじうおに関わろうとしなくなった。にじうおがくると、皆そっぽを向いた。にじうおは海中で一番寂しい魚になってしまった。目も眩むような輝くウロコを持っていても、誰にもほめてもらえなければ何の役に立つというのか。困惑したにじうおはたこに相談した。

たこはウロコを一枚ずつ他の魚に与えるよう助言した。

〈それで　おまえは、

いちばん　きれいな　さかなでは　なくなるが、

どう　すれば　しあわせに　なれるかが　わかるだろう〉

輝くウロコがなくなったら、どうやって幸せになれるのか。にじうおは困惑したが、小さなウロコを一枚だけほしいといわれた時、小さな魚に与えた。すると、にじうおは不思議な気持ちに襲われた。そして、その後も次々にウロコを分け与えた。「あげれば　あげるほど、うれしく　なった」（前掲書）のである。ついに、輝くウロコは一枚になったが、にじうおは幸せだった。

与えると損になると思う人がいる。そのような人は、「与える」（give）ことは何かを諦める（give up）ことであり、与えると自分が貧しくなると考える（Erich Fromm, *Man for Himself*）。そこで、そのように考える人は、他の人に何も与えようとしないか、与えるとしても見返りがある時にしか与えない。フロムはこのような人を「非生産的」な性格の人という。

アドラーは「天才と信じられている子ども、例外的に聡明な子どもたち」について論じている（『個人心理学講義』）。彼〔女〕らは称賛されるけれども、愛されない。成績が優秀でも、自分のことしか考えていないので好かれない。

アドラーは才能というものを認めず、すべては「自力で身につけられた創造力」であり、「天才とはただ勤勉である」というゲーテの言葉を引いているが（"Schwer erziehbare Kinder"）、優秀でも自分の能力をただ自分のためにだけ使う子どもがいるとしたら、教育の失敗である。自分のためでなく、他者に貢献するために学び、自分の能力を他者に与えようと思ってほしい。

私は進学校で講演する時などに「自分のことしか考えないエリートは、有害以外の何ものでもない」と若い人に訴えてきたが、与えることは貧しくなることではないことを、大人は若い人に教えなければならない。

他方、「生産的」な性格の人は、与えることにまったく違う意味を見出す。「生産的」とはフロムの言葉で、「創造的」「自発的」という意味である。生産的な性格の人は、与えるという行為によって、貧しくなるどころか、自分が強く、豊かで、力があることを経験する。にじうおは初めは他の魚に与えることを拒んだが、与えることで自分の強さ、豊かさ、力を経験し、それにより喜びを感じるようになったのである。

にじうおは何を与えたのだろうか。フロムは生産的な人は、自分自身、自分のもっとも重要なもの、つまり、「生命」を与えるという（フロム、前掲書）。無論、これは文字通り生命を捧げることではない。自分の中に息づいている喜びは自分を活気づけるが、それを与えた他者をも活気づける。にじうおの輝くウロコは生命の象徴である。

愛においては、相手の中に愛を「生産」する。フロムは、相手の中に愛を与える、つまり「生産」すれば自分に返ってくるというのだが、愛を物の授受のように考える人が言うような、「愛はギブ・アンド・テイクである」という意味とは違う。

与えることはそれだけで完結する。愛をギブ・アンド・テイクとしか見られない人は、相手を愛しているのに愛されないと不満に思い、愛してくれない相手に怒りすら感じる。これだけのことをしたのに、何も返さないと思う人も同じである。目に見えた仕方で返ってくるのでなくても、与えることが自己完結的であると知っている人は与えるだけで満たされる。それが「返ってくる」ということの本来の意味である。愛することの見返りがなくても、愛した人から愛されようが愛されまいが返ってくる。

子どもを愛する親は、子どもから愛されたいと思うが、子どもに愛されなかったら愛さないわけでもないだろう。これだけ子どもを愛しているのだから、子どもから愛されて当然と思って、子育てをすると落胆するはめになる。

親が「物を与えることが愛だ」と見てしまうのは問題である。フロムは次のようにいっている。

〈八歳半から十歳になるまでの大抵の子どもたちにとって、問題はもっぱら愛されることと、ありのままの自分が愛されることである。この年までの子どもは愛されることに喜んで反応するが、まだ愛さない〉（*The Art of Loving*）

親から愛されるばかりだった子どもは、やがて親を愛するようになる。「愛を生み出す」という新しい感覚が、自分自身の活動によって生まれるというのである。

〈子どもは、初めて母親（あるいは父親）に何かを「与える」ことや、詩とか絵とか何かを作り出すことを思いつく。生まれて初めて、愛という観念は、愛されることから、愛することと、愛を生み出すことへと変わる〉（前掲書）

愛はこのように「何かを「与える」」という行為でなければならないと考える人は多いだろう。「何かを「与える」」という行為は愛の表現だが、愛することを目に見える行為と考える人は、愛だけでなく、他者に与えること、貢献することも行為として目に見えるものでなければならないと考えるだろう。

しかし、幼い子どもは、何もしていなくても親に愛を与えているのである。子どもを愛しているのに、子どもから返ってこないと落胆したり、将来、子どもに返してもらおうと思ったりする親は少ないのではないか。子どもがたとえ言葉を発しなくても、子どもの顔を見るだけで親は癒される。子どもは行為ではなく、その存在で親に愛を与えているのである。この時、親は子どもから愛を与えられているが、親が子どもを愛したその見返りとしてではない。

子どもは何もしていなくても、周りの人に幸福を与え、生きていることで貢献している。そうであれば、大人も何もしていなくても、他者に貢献していると考えていけないわけはない。しかし、そうは思えない人は多い。今の世の中は、何かを作り出すこと、生産性に価値があると考える人が多いからである。その上、ギブ・アンド・テイクに囚われ、与えられたものを返さないといけない。しかも、目に見える形、行為で返さないといけない。そう考えてしまうと、他者に与え貢献できない、それどころか、他者に迷惑をかけてばかりいると思った人が、自分にはもはや生きる価値がないとまで思いつめてしまうことになる。

若い頃、ある精神科診療所で週に一日だけ働いていたことがある。その診療所には六十人ほどの人が、社会復帰を援助するプログラムであるデイケアに通ってきていた。私が出勤する日は、皆で昼食を作ることになっていた。

朝、その日作るメニューをスタッフが発表し近くのスーパーに買い物に行くのだが、買い物に一緒に行く人は少なかった。診療所に戻ると料理を始める。その時も手伝うのは十五人くらいで、後の人は手伝わなかった。昼時になって料理ができたことを知らせると、診療所のどこからともなく皆が集まってきて、そろって昼食を食べた。

この診療所ではその日手伝わなかった人を責める人はいなかった。今日は元気だったので手伝えたけれど、もしも明日体調がよくなくて手伝えなくても許してほしいという暗黙の了解事項があったのである。

普通の社会であれば、「働かざる者食うべからず」というようなことをいう人がいるかもしれない。しかし、料理を作れる人がその日何もできない人のためにも料理を作るこの診療所は、働く人も働かない人も共存する健全な社会の縮図であると私は思った。

しかし、これとて働くことに価値があり、働けない人を働ける人が支えているとなると、働く側に回れない人は気兼ねすることになるかもしれない。

生まれたばかりの子どもに誰も働けとはいわないように、働く人もそうでない人も同じ価値があると思えるようになるためには、人間の価値を生産性でなく生きること自体にあるという真実を誰もが認める社会にしないといけない。輝くウロコを持っていなくてもいいのである。

与えても返ってこないこともある

> 人間が利己的であるか否《いな》かは、その受取勘定をどれほど遠い未来に延ばし得るかという問題である。この時間的な問題はしかし単なる打算の問題でなくて、期待の、想像力の問題である。
>
> （三木清『人生論ノート』）

三木は、ギブ・アンド・テイクの原則は「期待の原則」（前掲書）であるといっている。

与えたら返ってくることもあれば、返ってこないこともある。まれに返ってこない場合があっても、そんなこともあるくらいに思える。これが「期待の原則」である。

そうは思えず、与えても返ってこなければ損だと思って与えようとしない利己主義者は、ギブ・アンド・テイクの原則を「打算の原則」（前掲書）として考えているのである。

純粋な利己主義者はほとんどいないにしても、打算的な人は多い。打算的な人は、他の人に何かしたらそれ相応の見返りがあるはずだと考えて、その見返りにふさわしいことをしない人がいれば怒り出す。

しかし、何かしても見返りのある場合もあればない場合もある。それは当然だと思うほうが健全なのであって、すべてを打算で割り切ろうとするのは無理がある。

それでは、打算的にならないためにはどう考えればいいのか。三木は「受取勘定」という言葉を使う。受取勘定というのは、与えたことに対して受け取れると期待できる見返りのことである。利己主義者は遠い未来まで勘定を持ちこせない。今すぐに受け取れなければ損をした気分になるのだろう。普通の人なら金は天下のまわりものとか、もしくは、情けは人の為ならずとか思って受取勘定を先延ばしできるのに、利己主義者はそうすることができないのである。

子育てや介護を打算の原則で考えると、つらいものになる。与えても決して返ってこない、与えたら損をすると考えたら子育ても介護もできない。話せるようになった子どもは親にありがとうというが、乳児は何もいわない。親は今《いま》し方《がた》のことも忘れる場合がある。だから、返ってくることを一切期待しないというのが、一つの処し方ではある。だが、本当に返ってこないのだろうか。

子どもたちは、生きていくためには親の不断の援助が必要である。しかし、子どもは親から与えられるだけではない。子育ては思うようにいかないこともあるが、それでも子どもと一緒にいられることを喜びに感じられるのは、子どもは特別に何かをしなくても「今」親に幸福を与えてくれるからである。その意味で、子どもは生きているだけで貢献している。毎日無事に生きていることがありがたい。そう思えたら、子どもとの向き合い方が変わってくる。親との関係も同じである。

進んで引き受ける

――仕方がない、やろう！　（大江健三郎『恢復する家族』）――

全国で発行されている詩集に賞を与える企画があった時のことを大江健三郎が書いている。普通は下読みする人がいて、その後、審査する人があらかじめ選ばれた作品からさらに絞り込んで賞を与えるのだが、予算の都合もあって、下読みをする人を選ぶめどがつかなかった。そこで、谷川俊太郎が友人の大岡信に呼びかけ、膨大な数の詩集の下読みをした。その縁の下の力持ちの仕事はその後幾年も続けられたという。谷川はこの時、「仕方がない、やろう！」といった。

この話を聞いた大江は、「谷川氏独自の、穏やかだが意志の強さもあきらかな歯切れのよい口調がすぐ耳に浮かび、この言葉が心にきざまれたのだった」といっている（前掲書）。

大江は、障害児を持った親は「その生涯で一度は、決定的な瞬間に、――仕方がない、やろう！　と自分にいって、その決意をまもり続けてきた人たちであるように思われるのだ」という（前掲書）。

「仕方がない」という言葉は、普通は、本当はしたくないが引き受けるしかないという意味で使われるが、谷川や大江の使う「仕方がない」は、これをやろうという強い決意を表す言葉である。障害を持った子どもの親だけでなく、子育てや介護をする時には、「やろう！」という覚悟が必要である。他の誰も引き受ける人がないから仕方なしにするのではなく、自分が引き受けられる状況にあるのなら、私が引き受けようと決心するしかない。

とはいえ、そう思えるまでには、気持ちが揺れ逡巡する。どうして私がしなければならないのだ、自分の人生が束縛されることになると思う。それでも、私が引き受けるしかない、引き受ける以上、進んで「やろう！」と思うしかない。

大江は、障害児たちの親を見て、「苦労にみちたその暮らしを耐えているのみの人たち」（前掲書）と考えるのは、センチメンタルで、実態に即さない観察にすぎないという。


〈端的に喜びを、それらの障害児たちは両親にあたえている〉（前掲書）

これは子育てや介護でも同じである。側《はた》から見ているだけの人にはわからない苦労が多いのは本当だが、ただただ苦しいだけではないと思えなければ、子どもや親と関わり続けるのは難しい。

大江はさらに次のようにいっている。


〈それにもまして、思うことがある。障害児たちは自分のあじわっている苦痛、乗りこえている困難を誇大には口にせぬ、総じてがまん強い者たちだが、かれら自身、障害を持って生きることで、――仕方がない、やろう！　と自分にいった者たちでもあるのではないかと……〉（前掲書）

「仕方がない、やろう！」と思ったのは、家族だけではないのである。

老健（介護老人保健施設）で過ごすようになった父を週末訪ねると、恐怖を訴えることがあった。父は常は霧の中で過ごしているように見えた。過去をなくし、今自分がどんな状況に置かれているかがわかっていないように見えた。

父は過去を忘れたのではなかった。喩えてみれば、作業できるスペースがなくなってきた机で何かをしようと思ったら机の上にある使わないものを片付けないといけないように、必要でない、あるいは思い出したくない記憶を脇へのけていただけだったのである。そこで、何かの拍子に過去を思い出すことがあった。

霧が晴れる日があるのである。子どもの頃から知っている父に戻っているのがすぐにわかった。父は忘れたはずの過去を思い出し、自分が置かれている状況を理解していた。

霧が晴れるのは家族にとっては嬉しいことだったが、父にとっては耐え難い苦しみ、恐怖であったに違いない。父は母のことを忘れた。妻が四半世紀以上も前に亡くなったこと、そして今は一人であることを父が覚えていれば、その事実を受け入れるのは困難だったであろう。

そんな日でもすべてを思い出せるわけではない。忘れてしまった記憶があることはわかった。ある日、父はこういった。

「忘れてしまったことは仕方がない。できれば一からやり直したい」

死が間近に迫っていることも、霧がかかった日にはわかっていなかったかもしれない。メメントー・モリー(死を忘れるな)という言葉があるが、人間は認知症になって、死を忘れなければ死ねないのではないかと父を見ていて思った。

生きることは苦しい。この世に生まれたことを喜べない現実がある。それでも、現実から目を背けず、現実を受け入れ、仕方ない、生きようと思うしかない。

「やろう!」と決断するのは、「善」だと判断するからである。ギリシア語では、「善」に道徳的な意味はない。「ためになる」という意味である。誰も自分のためにならないことはしない。ただし、何が善であり、何が悪(「ためにならない」という意味)かという判断を誤ることはあるので、自分のためになると思ってしたことがためにならないことはある。

プラトンの『国家』に次のような一節がある。

〈責任は選ぶ者にある。神にはいかなる責任もない〉(『国家』)

プラトンは、運命は与えられるものではなく、各人が自分で選び取るものであると考えた。選択の責任は自分で引き受けなければならない。選択から帰結する結末は自分が引き受けるしかない。

子育て、看護、介護などを引き受けると、多少なりとも自分の人生が制約されたり、束縛されたりする。しかし、自分のことだけを考えるのでなく、その時子育てや介護に向き合っている家族の状況を考えたら、やはり自分が引き受けるしかない。それが皆にとって「善」であると判断するしかない。だから「仕方がない」のである。

しかし、考えてみれば誰かと共生している以上、完全に自由に生きることはできない。それをどう捉えるかは人によって違うが、ただ苦しみであるとは限らない。

進んで引き受けることが困難に思えても、引き受ける以上、「それで（も）よい」ではなく、「それがよい」と積極的に選択したい。

束縛されると感じない

しかも私は、光との共生によって自分が束縛されると感じたことはない。

（大江健三郎『新しい人よ眼ざめよ』）

高校生の頃、クラスでよく読まれていた作家は三島由紀夫と大江健三郎だった。同級生の多くは受験にしか関心がなかったので、教科書や参考書以外はあまり読んでいなかったが、読書が好きな同級生から勧められて三島や大江の本を読んだ。

大江の「性的人間」や「セブンティーン」(『性的人間』所収)を読んでいた私は、障害を持つ光の誕生以来、大江の作風が変わったと感じた。

大江は、大学に勤務していたおよそ三年間を除けば、国内を旅行するにしても、三泊以上自宅を空けたことはないといっている(『新しい人よ眼ざめよ』)。

この記述を大人になってから読み直して、私は父の介護をしていた頃を思い出した。父は定年退職後長く一人暮らしをしていたが、認知症を患っていることがわかったので、実家に呼び戻し、週日はもっぱら私が父の世話をすることにした。最初の頃は父の認知症が深刻であることを理解できず、私は高校や大学に出講していた。

しかし、私が出かけている間に父が外に一人で出かけ危険な目に遭うというようなことが起きるようになり、父を一人でいさせることが難しくなった。さらに症状が進行すると、家族だけでは父を介護できなくなり、デイサービスや訪問看護などに頼らなければならなくなった。

大江はほぼ毎日、光が音楽を聴いたり自身の楽譜を書いたりしている居間で、本を読むか文章を書くかしていた。その生活に大きな変化が生じたことはなく、「自分が束縛されると感じたことはない」（前掲書）と書いている。

　私の父は、起きている間、特に何かをするというわけではなく、ぼんやりと過ごしていた。私は、食事の用意をしたり排泄の世話をしたりする時以外は、父の向かい側にすわり、ずっと原稿を書いていた。

　しかし、私は大江と違って、いつも心穏やかだったわけではない。父の介護を始める数年前に私は心筋梗塞で倒れたが、ようやく少し身体が癒え、これからはまた前のように外で働きたいと思っていた矢先のことだったので、父を介護し始めた時には、父に束縛されることになったと感じた。

　先述したように、イーヨーが通う養護学校では、一学期ずつすべての生徒が校内にある寄宿舎に入ることになっていた。イーヨーは光が二十歳まで呼ばれていた名前である。

　〈僕が眼をさました時には、イーヨーは寄宿舎に向けて発っていた。その月曜日、かれの居ない家に僕が発見したのは、なじみにくく感じられる広い空間と、こちらはさらに思いがけぬことであったのだが、余分の時間がありあまっている、という印象なのであった。一日が三十時間ほどに引延ばされている所在なさの思いから、僕は妻にその気分のことを話したいと考えて家のなかを歩き廻ったが、空間も広くなってしまったようで、なかなか妻を探し出せない。そういう心もとなさをあじわいもした〉（前掲書）

父は老健での生活を始めた。入所の一週間前に夜中に大腿骨を折った。家を離れたくない父がこんな仕方で抵抗したのかもしれないと思った。ストレッチャーに横たわった父を見て施設の人たちは驚いたが、受け入れてもらえた。

かくて、父の世話をする必要がなくなったので、私の時間は増えた。しかし、父の不在は私を束縛から解放したわけではなかった。父との「共生」を失ったからだ。

父と共に過ごす時間こそが本来の時間だった。その時間は、決して仮のものでも、自分がしたいことがあるのにそれができない束縛された時間でもなかった。父は施設に入所中体調を崩し入院し、そのまま帰らぬ人になった。

第三章　誰でも愛せる

愛されなかったとしても

自分に息子が生まれて、私はこう思った。これできっと父も喜んでくれるだろう。だって男というのはみんな、孫ができるのを喜ぶものじゃないか？　私は父が孫を溺愛《できあい》する姿を見たかった。父だって気持ちを外に出すことがあるのだ、父にもちゃんと人並みの感情があるのだという証《あか》しが欲しかった。そして父がもし孫に対して愛情を示せるなら、それは間接的に、私に対する愛情を示したことになるんじゃないだろうか？　人は大人になっても、父の愛を渇望《かつぼう》しつづけるものなのだ。

（ポール・オースター「見えない人間の肖像」『孤独の発明』所収、柴田元幸訳）

オースターは父に「人並みの感情」があることを期待していたが、父は孫を見ても、ほとんど関心を示さなかった。乳母車に十分の一秒頭を突っ込んだだけで「可愛《かわい》い赤ちゃんだ。元気に育つといいね」といっただけだった。これはスーパーマーケットのレジの行列で、他人の赤ん坊を見かけた時にいうセリフと何ら変わらない。二度と孫を見ることも、一度でも抱かせてくれと頼むこともなかった。

子どもへの虐待をやめられない人がいる。自分も親から虐待を受けて育った人は、多くの場合、親からどんなにひどい目に遭わされても、親は自分を愛していてくれたはずだと思う。だから、自分が親になった時に、親がかつて自分にしたのと同じことを自分の子どもにする。その上で、子どもを愛することができれば、親が自分を愛していたことを確信できると思う。子どもを愛していないのではない。むしろ、誰よりも子どもを愛しているので、子どもに手をあげてしまうのである。自分のいうことを聞かない子どもに罵声を浴びせる親とは次元の違う苦しみである。

子どもの頃、親に愛されなかったと訴える若い人は多い。それが事実だとしても、今の人生に決定的な影響があると考えてはいけないという話を私はカウンセリングでしてきた。過去の経験が今の生活を生きづらいものにしているとしても、過去に戻って今の生きづらさの原因を取り除くことができないのであれば、これからの人生も生きづらいものになるだろう。過去に戻ることはできないからである

私の父が最晩年の日々を老健で過ごしていた際、近所の幼稚園の子どもたちが時々施設を訪れると、相好を崩して喜んでいたという。それを聞いて私はオースターとは違って、父は幼い私と接する時に嬉しかったのだろうと思った。しかし、記憶にない幼少期に自分が親から愛されたかどうかは、大人になってから問題にしてもあまり意味がない。

愛された「かのように」生きていけない理由はない。親は子どもを愛していても愛情表現が得意でないということもある。子どもの頃に愛されなかったことが、今の、そしてこれからの人生を決定しない。

本当は愛されていたのに、「十分」愛されていなかったと思い込んでいるだけかもしれない。これは愛情不足というより、愛情飢餓である。愛されているのに、もっと愛してほしいと思うことである。

親に愛されなかったからといって、大人になってから人を愛せないわけでもない。愛においては、愛されることではなく、愛することが重要である。そうであれば、子どもの頃に親

から愛されなかったことも問題にならない。

普遍的な愛

こんなふうに言われたら、私は……が好きだなんて、簡単には言えなくなってしまいます。私が言える唯一のことは、猫好きです。これなら大丈夫です。汚れている野良猫も、ふわふわのペルシア猫も、喧嘩強い隣のごんたも、目がつぶれている猫もどれもこれもかわいいからです。

（左近司祥子『本当に生きるための哲学』）

「こんなふうに言われたら」というのは、ソクラテスが酒の愛好者はあらゆる酒をあらゆる口実のもとに歓迎する（プラトン『国家』）といっていることを指している。

本当に猫が好きな人であれば、左近司の言葉に頷けるだろう。猫が好きならどんな猫も好きなはずである。同じことを人間についていえば、「あの人は嫌いだけど、あなたは好き」という人は愛する能力を持っているとはいえないということである。

台湾のエッセイスト、龍應台は、母親に会いに行く時には着く前に必ず電話を入れるといっている。

〈「もしもし。私が誰かわかる?」母が朗らかな声で答える。「誰かは知らないよ。でも、あんたのこと好きだよ」〉

（『父を見送る』天野健太郎訳）

親が子どものことを誰か知らないといったら、そんなことがあるはずはないと思う人はいるだろうが、私の父は身近な人が誰かわからなくなった。長年一緒に暮らした妻、私の母のことを忘れた。家族はにわかに受け入れられなかったが、父とて忘れたいと思って忘れたのではない。

その親がたとえ自分の目の前にいるのが自分の子どもであると理解できなくても、愛する能力を持った人であれば、「誰かは知らない」といわれても親を愛することができる。親が子どもを忘れても、子どもは親を忘れるわけではない。

私の父がある日「忘れてしまったことは仕方がない」といったことは先にも書いた。龍の母親が「誰かは知らないよ。でも、あんたのこと好きだよ」といったのは、誰か知らない人であっても愛そうという宣言である。

親が今すべてを忘れたとしても、子どもはその親とどう関わっていくかを考えるしかない。誰か知らなくても愛せる親に愛されるのは幸福なことではないか。

精神科医の神谷美恵子は、若い頃に恋人を亡くした。

〈もう決して、決して、人生は私にとって再びもとのとおりにはかえらないであろう。ああ、これから私はどういう風に、何のために生きて行ったらよいのであろうか〉

（『生きがいについて』）

これは「将来を共にするはずであった青年に死なれた娘の手記」からの引用ということになっているが、神谷自身の手記である（太田雄三『神谷美恵子のこと　喪失からの出発』）。

神谷は、それ以後は、誰をも、男性をもインパーソナル（impersonal）にしか愛せなくなったと書いている。インパーソナルに愛するというのは、えこひいきのない公平な態度で愛するという意味だが、神谷はインパーソナルにしか愛せない自分を病気だといっている。

神谷は、ある日哲学者、精神科医であるヤスパースの著作を読んでいたら、神谷と同様唯一の人として絶対的な愛で結びついていた恋人と死別した少女について書いてある箇所に出会い、自分のことがそのまま書いてあると感じた。

その少女は恋人が亡くなってからも、皆に愛情深く親切な態度で接したが、「それ以来、誰も彼女と個人（Individuum）として会うことはなくなった」（Karl Jaspers, *Psychologie der Weltanschauungen*）。個人（Individuum）は、他の誰にも代えることができない人という意味である。

ヤスパースは、恋人は個人であり、愛の根底に具体的な個人への愛がなければならず、それがなければ誰をも真の意味で愛せないと考えている。個人への愛が普遍的な愛の根底になければならないのである。

このインパーソナルな愛と違って、特定の個人に向けられた愛がパーソナル（personal）な愛である。インドの宗教哲学者、クリシュナムルティは、全般的な愛と、特定の誰かへの愛を区別し、「初めに愛の感情があり、それから特定の誰かへの愛がある」（『子供たちとの対話』藤仲孝司訳）といっているが、時間的に前後があるというよりは、インパーソナルな愛はパーソナルな愛の基礎であると見たほうがいいと思う。これはヤスパースとは反対の立場である。個人として人を愛せるためには、誰をも愛せなければならない。

「あの人は嫌いだけど、あなたは好き」といわれても愛された気がしないのは、いつ何時今は愛されていても、嫌われる側になるかわからないからである。

これは「あなたは好き」という「パーソナルな愛」の表明ではあっても、「インパーソナルな愛」が欠如している。あなたのことも、他の人も愛せるけれども（インパーソナル）、あなたを他の人に代えることのできない無二の人として愛する（パーソナル）というのが本来の愛の形である。

「あの人は嫌いだけど、あなたは好き」という人が愛するあなたは無二のあなたではない。もしも気持ちが変わればすぐに他の誰かを愛することになるだろう。その意味で、その人の愛は本当の愛ではない。

初めて会って愛する

「そういえば、わたしの名前、何ていうんだったかしら」

「困りましたねえ。何ていうお名前でしたかねえ」

「でも、名前なんか要らない」

「何だって」

「わたしという人は、杉圭介という人の中に含まれてるんですから」

「哲学者みたいなことを云うね」

「あなた、たしか哲学者だったのよね」　（青山光二「無限回廊」『吾妹子哀し』所収）

青山光二が九十歳の時に書いた「吾妹子《わぎもこ》哀し」「無限回廊」には、アルツハイマー型の認知症の妻が描かれている。過去の記憶をすべて失い、失禁、徘徊を繰り返す妻の杏子を介護

する夫、杉圭介は、二人が愛し合った日々を思い出す。妻の言葉、行動に困惑しても、彼の妻への愛は変わらない。たとえ名前ばかりか、自分が誰であるかもわからなくなったとしても、「今」妻を愛することはできる。

ある日、杉が教師をしていた頃住んでいた長浜のことを杏子が思い出す。

〈長浜の記憶が蘇《よみがえ》るところを見ると、ほんらい、杏子の頭脳のなかで長浜の記憶が壊滅し、無になっているということではないらしい〉（前掲書）

過去の記憶は消えてなくなるわけではない。思い出さないだけである。父の介護をしていた時、私もそう思った。消えるわけではないが、今、思い出したくないことはある。

二人が愛し合った日々を思い出すとすれば、今二人が愛し合っているからである。忘れていたはずの過去の記憶が一時的にでも蘇ることは、今の二人の愛を確かなものにする。しかし、たとえ、過去のことを一切思い出さないとしても、「今」愛することはできる。

親子と夫婦では認知症の受け止め方が違うかもしれない。夫婦であれば、かつてのパートナーの変化に戸惑うかもしれないが、最終的には受け入れることができるだろう。自分も認知症になるかもしれなかったのに、この人が自分よりも先に認知症になった、だから、自分が力になろうと決心できるのではないか。

もっとも、パートナーが自分のことをもはや覚えていないという現実を受け止めるのは難しい。どれほど愛している人でも徘徊するようになれば目を離せなくなる。いつも見張る苦労は大変なもので、愛しているはずの相手でも気持ちが離れていくことはありうる。

二人はつながりの中で生きている。自分だけが生きているのではない。この人に生かされている。そう思って長く生きてきたのに、パートナーが自分が誰なのかわからなくなれば、その自分が誰なのかわからなくなった相手の中に生きていた自分も存在しなくなったと思うだろう。

子どもが親の変化を受け入れるのは、夫婦の場合よりも難しい。親の介護をすることに抵抗感を持つ子どももいる。親の老いを受け入れられないこともある。私は親の下の世話をしなければならなくなった時に、親子が逆転したように思った。

親が病気の子どもの世話をすることがある。この場合は、子どもが親を介護するのと違って、子どもを自分以外の誰が看るのかと親は思うだろう。他方、親が介護を必要とする状況は子どもにとって未知の領域なので戸惑うことも多いが、親への理解を深める機会にもなる。過去に何があったとしてもである。

パートナーの介護が必要な状況になった場合、たとえ相手が自分を忘れるようなことになっても、「今」愛することはできる。過去のことは忘れても、「今」愛されていることはわかる。

「この人」を愛する

自分は人類を愛しているけど、われながら自分に呆れている。それというのも、人類全体を愛するようになればなるほど、個々の人間、つまりひとりひとりの個人に対する愛情が薄れてゆくからだ。

（ドストエフスキー『カラマーゾフの兄弟』原卓也訳）

『カラマーゾフの兄弟』の中でゾシマ長老が、ある人の言葉としてこんなことをいっている。人類のためなら十字架に架けられてもいいが、近くにいる人はちょっとのことで憎んでしまうというのである。

〈個々の人を憎めば憎むほど、人類全体に対するわたしの愛はますます熱烈になってゆくのだ。と、その人は言うんですな〉

（前掲書）

この人のように「人類全体」は愛しているけれども、「個々の人間」は愛せないということはあるのだろうか。個々の人を愛するというのはわかるが、人類を愛するというのがどういうことなのか私にはわからない。人類というのがあまりに広汎だからではない。国家でも同じである。

人類を愛しているということと、個人への愛情が薄れることに因果関係はない。人類への愛が増すので、その結果、個人への愛が薄れるのではない。むしろ、個人を愛さないために人類を愛しているといっているのである。ゾシマ長老は、目の前にいるこの人を愛せないことの説明として、人類愛を持ち出しているが、この人の愛が薄れるのはただその人を愛さないという決心をしているだけのことである。

「人類」への愛と「個人」への憎しみが対置されているとわかりにくいが、これが「国家」への愛（愛国心）と「個人」への憎しみであれば、どこに問題があるかがわかるだろう。

どこかの国と戦争をするという場合、敵国に向けての憎しみや怒りが必要である。必要だと考える人がいるということだが。しかし、実際には、相手国に宣戦布告した途端に、その国に対して敵意を持つことはできない。「鬼畜米英」というキャンペーンが必要だったのは、アメリカやイギリスという国に対しての敵意を喚起しなければならなかったからだが、そのようなキャンペーンで目には見えないアメリカとイギリスに憎しみを持った人がいたとは思わない。

憎めるとしたら、個人のアメリカ人やイギリス人であるが、アメリカ人、イギリス人全般を敵意の対象にすることはできない。

戦時中であればアメリカ人、イギリス人を一度も見たことがない人がいたかもしれないが、今の時代であれば、アメリカ人、イギリス人と個人的に付き合っていなくても、彼らを鬼畜だと思うような人はいないだろう。まして個人として付き合ってきた人をある日を境に突然憎むことはできない。一緒に暮らしているパートナーであればなおさらである。

しかし、ヘイトスピーチやヘイトクライムのことを考えると、ある国の人全般を憎む人がいないとは断言できない。ヘイトクライムの憎しみ（ヘイト）の対象は、特定の個人ではないからである。

それでも、その国の人全般を憎むことができるかといえばできない。愛も憎しみも、さらに怒りも本来目の前にいる人にしか向けることはできない。愛し、憎み、怒りを感じるのは、目の前にいるこの人だけである。

個人への憎しみを喚起するためのもう一つの方法は、自国への愛、愛国心を高揚することである。国家への愛が高まれば、敵国の個人への愛が減じ憎しみが増すというわけである。

問題は二つある。まず、国家を愛することはできないということである。実体のないアノニム（無名）な人や国家、さらに人類を愛することはできないのである。

次に、国家を愛することができ、先に見たゾシマ長老が引く人のように人類を愛するようになればなるほど個人への愛が薄まり憎しみが増すとしても、その個人は「同じ」人類にも属している。一つの国を愛したからといって「別の」国に属する人を愛さなくなり、さらに憎むというのは論理的におかしい。国家という枠組みの中に人を置き、ある国家に属する人を愛するとか憎むことが間違いなのである。

さらにいえば、戦争の場合に、人為的に憎しみや怒りを喚起しなければならないということは、他者に対してこのような感情を持つことが当然のことではないということである。

電車の中で困っている人を見たら、相手が誰かに関係なく救いの手を差し伸べようとするだろう。その人がどこの国の人であるかというようなこととは関係ない。自分と同じヒューマニティ（humanity）、人間性を見るから助けようと思う。相手が味方であるか敵であるかは関係ない。

ヒューマニティは「人類」（humankind）という意味もあるが、誰であっても助けようと思う相手は決してアノニムな人ではない。アドラーが次のようにいっている。

〈中国のどこかで子どもが殴られている時、われわれが責められるべきだ。この世界で

われわれと関係がないことは何一つない〉

（Bottome, *Alfred Adler*）

この子どもは目の前にはいないが、決してアノニムな子どもではない。子どもが殴られたことを我が身のこととして感じられるのは、自分と他者に共通するもの、人間性を分有しているからである。その時、フロムの言葉でいえば「私はあなた」になる（*The Heart of Man*）。これがアノニムな人を対象としない真の人類愛である。

本来、愛も憎しみも怒りも目の前にいる人にしか向けられない。目の前にいるこの人を愛し、怒りを感じ、憎むのである。目の前にいない人で、個人的には知らない人であっても、その人に共感し痛みを感じるとすれば、その人はアノニムな人ではない。電車の中で困っている人を助ける時と同じである。

遠くにいる人であっても、その人が置かれている状況を想像し、苦しみに共感することは難しいことではない。しかし、アノニムな人に対する怒りや憎しみの感情を喚起するためには、ちょうど戦場で銃を撃つ時に相手を人間として見ないようにするように、個人を見てはいけないのである。

愛は本来個人間に起き、各人が自発的に誰かに対して持つ感情である。ところが、これが個人を超えたものに適用される時、その愛は強制である。

鈴木貫太郎首相が戦時中「国民個人の生命は問題にあらず。我国体を護持せねばならぬ」といったと仏文学者の渡辺一夫が一九四五年に日記の中に書いている。この日記は、大部分がフランス語で記されている。個人的な日記においてですら、戦争に批判的な見解を記すことは危険であると考えたのだろう。

〈この小さなノートを残さねばならない。あらゆる日本人に読んでもらわねばならない。この国と人間を愛し、この国のありかたを恥じる一人の若い男が、この危機にあってどんな気持で生きたかが、これを読めばわかるからだ〉（『敗戦日記』）

渡辺は国のみならず「人間」を愛している。愛国心、そして敵国への憎悪心を持った国民は、国家のために戦っているはずなのに、実際に政府は国民個人の生命など少しも問題にしていないのである。都会という都会が焼き払われ、住民が皆殺されるか山に追い払われた時、「我が親愛なる国体何処にありや？」（前掲書）と渡辺は日記に記している。そんなものなどどこにもないのに、戦争で殺された人はあまりに多い。

第四章

ゆっくり遊んで生きる

関心を持ってゆっくり歩く

私はすご〳〵自分の部屋へ入った。知らない町の方で私が踏んで来た石の歩道も、そこで見て来た日あたりも、私の眼に浸みて居た。その日ほど私は言葉の不自由を感じたことは無かった。しかし辻馬車は辻自働車で乗り廻して見るにも勝って、都会としての巴里の深さに初めて私が入って見たのもその日であった。

（島崎藤村『エトランゼエ』）

島崎藤村は一九一三年にパリへ旅立った。ポール・ロワイヤル通りに面した下宿で旅装を解いた藤村は、翌日故郷からの便りもあろうかと日本大使館を訪ねた。今と違って神戸からマルセイユまでは船で三十七日もかかった。もちろん、この時代に電子メールなどなかった。そのまた翌日には、日仏銀行に出かけたが、その帰り、藤村はさんざん道に迷い、ようやく見つけた辻馬車で下宿まで帰った。辻馬車に乗って「都会としての巴里の深さ」を見たが、歩ければもっと深いところまで見られただろう。

河盛好蔵《かわもりよしぞう》はこのくだりを読んで、

〈戦後初めてパリに出かけたとき、いきなり例の五月革命に出会い、一切の交通機関がストに入ったパリの町を、毎日当てもなく何十キロと歩き回ったときのことを思い出した〉

（『藤村のパリ』）

と書いている。車での移動は速すぎる。歩くと初めて見えてくるものがある。

最近、私はオンラインでしか講演をしなくなったので、講演でいろいろな街を訪れる機会はなくなった。講演をするために全国を回っていた頃も、講演が終わればすぐに帰っていた。札幌で一時間講演をして、京都までその日のうちに帰るということもあった。これは「移動」ではあっても、「旅」ではないだろう。

新幹線はもとより飛行機に乗ると、身体は速やかに移動するが、魂がついていかない気がする。帰ってから疲れるのはそのためかもしれないと思ったりする。

しかし、ただゆっくり移動すれば見えてくるというものでもない。

〈春の奈良へいって、馬酔木《あしび》の花ざかりを見ようとおもって、途中、木曽路《きそじ》をまわってきたら、おもいがけず吹雪《ふぶき》に遭《あ》いました。……〉

（堀辰雄「辛夷の花」『大和路・信濃路』所収）

『大和路・信濃路』に収められた「辛夷《こぶし》の花」には堀辰雄と妻との木曽路越えの旅の様子が描かれている。

木曽福島の宿に泊まった翌朝は吹雪だった。雪の中を衝いて宿を立った二人は汽車に乗った。そのうち雪もあるかないかくらいにしか散らつかなくなった頃、堀は隣の夫婦の低い話し声を耳に挿《は》さんだ。

〈「いま、向うの山に白い花がさいていたぞ。なんの花けえ?」

「あれは辛夷の花だで。」〉

（前掲書）

堀は急いで振り返って、身体を乗り出すようにしながら、そちらの山の端に辛夷の白い花らしいものを見つけようとしたがすぐには見つからない。

堀は筋向かいの席で本を読んでいる妻に、せっかく旅に出てきたのだからといって、窓の外の景色に注意を向けさせようとした。

〈「むこうの山に辛夷の花がさいているとさ。ちょっと見たいものだね。」

「あら、あれをごらんにならなかったの。」（略）「あんなにいくつも咲いていたのに。

……」

「嘘《うそ》をいえ。」（略）

「わたしなんぞは、いくら本を読んでいたって、いま、どんな景色で、どんな花が咲いているかぐらいはちゃんと知っていてよ。……」（略）「ほら、あそこに一本。」〉

妻が指差す山の方を見た。堀はやっと何か白っぽいものを、ちらりと認めたような気がしたが、見つけることはできなかった。汽車に乗っていたから辛夷を見つけられなかったのではないだろう。妻は辛夷の花を見ていたのだから。たとえゆっくり歩いていても、関心がなければ、目にしていても何も見えない。

私は心筋梗塞で入院していた時には、リハビリのために病院内を歩いていた。病棟と病棟をつなぐ長い廊下を歩くのだが、皆が私を追い越して行った。速くは歩けなかったが、歩けることが喜びだった。リハビリのためとはいえ、陸上選手がコンマ何秒を競って走るのとは違って、歩くこと自体に意識を向けることができた。

退院後は近所を歩き始めた。最初の頃は何も目に留まらずひたすら歩いていた。しかし、速く歩けるようになると、歩くための動機が必要だと思い、カメラを持って写真を撮り始めた。それで初めて花や鳥、蝶々に目を留めるようになった。

私が生まれる前からあった近所の小さな植物園に立ち寄るようになった。普通の植物園にあるようなきれいな花はあまりないが、希少植物がたくさんある。私は花の名前をほとんど知らないことに気づいた。植物園に咲いている花の写真を撮って、名前を少しずつ覚えていった。花が咲き散るのを見て季節を感じられるようになった。

病気をしていいことは何もなかったが、生活が変わって写真を撮ることを覚えたのはよかった。今は引っ越してしまって植物園に行けなくなったのは残念である。

ゆっくり急げ

「私ね、やりたいことがいくつかあるの」彼女はいった。「でも、もうあんまり時間がないような気もするのよ」

（関川夏央「須賀敦子の風景──『遠い朝の本たち』」『石ころだって役に立つ』所収）

右の文中の「私」とは須賀敦子のことである。イタリア文学者、須賀敦子の作家としてのデビューは遅かった。一九九〇年に出版された『ミラノ　霧の風景』をエッセイと見る人もいるようだが、小説である。エッセイか小説かと決めるのもあまり意味はないが。須賀は一度読めば忘れえぬ美しい日本語で書かれた作品を残して、瞬く間に逝ったという印象がある。

その須賀が「もうあんまり時間がないような気もする」といっているが、歳を重ねると、残された時間があまりないと感じる人は多いだろう。私の父が「どう考えても、これから先の人生のほうが短い」といっていたのを思い出す。

誰もが必ず死ぬが、いつどこでどのように死ぬかは誰にもわからない。自分ではどうすることもできないのだから、残された時間があまりないと焦ってみてもどうにもならない。人は死ぬために生きているわけではない。一刻も早く死ななければならないということはない。

残された時間があまりないのであれば、焦ってもどうにもならない。焦ったからといって長く生きられるわけではなく、焦ってばかりで、また死の不安に駆られて何も手につかないようなことがあれば、長く生きられたとしても後悔は残るだろう。人生に終わりがあることははっきりわかっているのだから、日々をゆっくり、丁寧に生きるしかない。

須賀がパリに留学する直前に買ったサン＝テグジュペリの『城砦』の表紙の裏に挿んであ

った封筒に、須賀は角ばった大きな字体で彼の言葉を記していた。

〈大切なのは、どこかを指して行くことなので、到着することではないのだ、というのも、死、以外に到着というものはあり得ないのだから〉

（「星と地球のあいだで」『遠い朝の本たち』所収）

明確な目的地がなくても、「どこか」でいい。しかも、サン＝テグジュペリがいうように、到着することが大切なのではない。目的地を定めてみても到着するかどうかはわからない。確実なのは、誰もが間違いなく死に到着することだけである。そこに至るまでにどう過ごすかが問題である。

須賀はパリの寮で同室になったドイツ人であるカティア・ミュラーのことを書いている。戦後すぐに勤め始めた公立中学校を辞めてパリに滞在していたカティアは、当時須賀よりも十二、三歳年上で四十歳近くだった。

〈しばらくパリに滞在して、宗教とか、哲学とか、自分がそんなことにどうかかわるべきかを知りたい。いまここでゆっくり考えておかないと、うっかり人生がすぎてしまうようでこわくなったのよ〉

（「カティアが歩いた道」『ヴェネツィアの宿』所収）

関川夏央は「これはまるで須賀敦子自身の口から発せられた言葉のように思えるのであ

る」といっている（「須賀敦子の、意志的なあの靴音」『豪雨の前兆』所収）。

カティアはエディット・シュタインというユダヤ系ドイツ人の哲学者の本を一心不乱に読んでいた。エディット・シュタインはフッサールの助手を務めたりしていたが、ナチスのユダヤ人迫害が始まると、同胞の救済を祈るためにキリスト教の修道女として生きる決心をした。

ところが、迫害が修道院にも及びそうになったのでオランダの修道院に身を隠したが、ついに秘密警察に捕らえられ、アウシュビッツのガス室で死んだ。ユダヤ人でありながらキリスト教を選んだが、ユダヤの血を受けているがためにガス室で死ななければならなかったのである。

そのシュタインの著作が後に刊行され、須賀の同室のカティアは気の遠くなりそうに分厚い本に首を突っ込むようにして読みふけっていたのである。

〈きょうは、何巻目を読み終る予定だといって、にこにこしているカティアの顔を見ると、私もなにかしなければとあせった〉

（須賀敦子「カティアが歩いた道」『ヴェネツィアの宿』所収）

須賀はこういっているが、須賀はゆっくりと学んではないかと想像する。

〈そのころ、私はよくパリの街を歩いた。自分にとってまるで異質なこの街の思想や歴史を、歩くことによって、じわじわとからだのなかに浸みこませようとするみたいに、勉強のひまをみては、地図を片手にあちこちと歩いた〉
（前掲書）

勉強も「じわじわとからだのなかに浸みこませようとするみたいに」したのであろう。

カタツムリ便

もうこなくなったかと思っていたお手紙が着きました。
（八木誠一、得永幸子『終《つい》をみつめて』）

八木誠一は宗教哲学者で、孫弟子である声楽家の得永幸子は八木の四国学院大学での集中講義を受講した。二人の間で二十年にわたって百信が交わされた。瞬時にメールが相手に届く今の時代は返事がすぐにこないと不安になってしまう。返信がすぐにこなくても、すぐに返信を書けなくても、二人はずっと相手のことを思い続けていただろう。

和辻哲郎が留学中に妻と交わした手紙が残っている。和辻がヨーロッパに留学したのは、二十世紀前半のことである。当時の手紙は船便なので、和辻が出した手紙が妻に届くまでにはひと月以上もかかった。

それでも、和辻は毎日妻に手紙を送った。妻の元に毎日届く手紙は過去からの手紙だった。二人は遠く離れて生活していることを意識していたはずだが、二人が交わした手紙には「今」言葉を交わしているのと同じ喜びが溢れている。

和辻哲郎の『イタリア古寺巡礼』という本がある。和辻が留学中にイタリアを旅行した時、行く先々のホテルで気軽に書いた私信を収録したものである。もっと考え直したり調べ直したりして念の入ったものにするつもりだったが、長く放置していたら、書いたこと以外は忘れてしまい、どうにも手のつけようがなくなった。だから、文章の末節をいくらか直した他はもとのままであると和辻はいっているが、実際には、かなり手を入れている。

元になった私信というのは和辻が妻に宛てた手紙であるが、手紙に書かれている個人的な言葉は割愛されている。この妻に宛てた手紙は『妻　和辻照への手紙』として刊行されている。それも実際には校正されているはずだが、私の印象では、元の手紙のほうが和辻の思いが吐露されていて、はるかにおもしろい。

八歳の孫が八十六歳の祖父と「文通」をしているという記事を読んだことがある。七歳の誕生日に祖父からもらったタイプライターでレオは手紙を打つ。

母親は次のように書いている。

〈この新しいソーシャル・ディスタンシングの時代、私の息子と私の父の距離を埋めるのはZoomでもFaceTimeでもなく、古きよき時代のsnail mail（カタツムリ便）だ〉

(Cathy Alter, 'How my father and son's pen-pal relationship became a lifeline for us all', *The Washington Post*, April 20, 2020)

snail mailというのは、電子メールに比べて時間がかかる通常の郵便のことである。しかし、その郵便による文通がレオと祖父を結びつけた。レオの手紙は「コロナ禍の小さなタイムカプセル」である。孫のタイムカプセルを開ける時の祖父の喜びが私にはよくわかる。私の孫たちが手紙を書いてくれるようになるのも、それほど遠い先のことではないだろう。

高校を卒業してどこの大学にも入れず、一年間家で過ごしたことがあった。あの一年の間、山ほど手紙を書いた。小学校の時の担任の先生、高校生の時の担任で宗教を教わった先生からの返信が待ち遠しかった。

良心の呵責なしに怠ける

――ガンの群れをつれてドナウの河岸を歩きまわってみたまえ。まったく良心の呵責《かしゃく》――

なしになまけていることができる。なぜなら一日の八分の七を、ひなたにねそべってすごせるからだ。

（コンラート・ローレンツ『ソロモンの指環』日高敏隆訳）

動物たちはあくせく生きない。勤勉の象徴であるミツバチや蟻でさえ、一日の大部分を何もせずに過ごすとローレンツはいう。しかし、人間はいつも何かをしていないと気がすまないように見える。

子どもたちと過ごすと、大人がいかに毎日あくせく生きているかがわかる。子どもたちには時計はいらない。疲れ果てるまで遊ぶ。明日のためにエネルギーをセーブするというようなことはしない。疲れたらそのまま寝てしまう。私の孫たちは毎日やってきて、真剣に遊ぶ。帰りの車の中で寝てしまうこともある。

大人もそのような生き方をしていけない理由はないが、いつの頃からか子どものように生きることを忘れてしまう。ただ生きているだけでは駄目だ、何かをしていないといけないと思う。子どももいつも何かをしているが、何か意味を見出そうとはしていない。

大学院を終えてから長く高校や大学で非常勤講師をしていたが、四十歳になってようやく常勤の仕事についた。精神科の医院にカウンセラーとして就職したのである。帰宅はほぼ毎日深夜だった。カウンセリングはただ話を聞けばいいというようなものではない。極度の集中が必要である。昼間カウンセリングをするために体調を万全に整えなければならなかった。そのため、深夜に帰宅してから勉強をしたかったし本も読みたかったが、実際はただ身体を休めることしかできなかった。

長い時間仕事をすること自体が苦痛であるわけではないが、計画的に生活をすることにはとうとう慣れず、三年足らずで医院を辞めてしまった。

おそらく、この時期の激務が身体に応え、後に心筋梗塞の引き金になったのかもしれない。手術後は何年も身体の調子がよくなくて、仕事もあまりできなかった。ようやく回復し、病気で倒れる前のように働こうと思っていた矢先に、父が認知症を患っていることがわかり、父の介護をすることになった。

やがて、父は食事をする時以外は眠ってばかりいるようになった。歩いて十五分くらいのところにある父の家に毎日通っていたのだが、「仕事」がほとんどなくなってしまった。

ある日、私は父にいった。

「一日、寝ているのだったらこなくてもいいね」

父はこう答えた。

「そんなことはない。お前がいてくれるから私は安心して眠れるのだ」

介護とは何かをすることだ、と私は思っていた。だから、父が眠ってばかりいて、私が父のために何かをすることがなくなると、自分は無用だと思ったが、この父の言葉で救われた。

親は子どもを見ているとそれだけで嬉しい。親はいろいろなことができなくなり、今し方のことも忘れるようになったが、一緒に過ごせるだけで嬉しい。

何も成し遂げなくても、生きていることがそれだけで価値がある。そう思えたら、何ら良心の呵責なしに、日向で寝そべって過ごせるだろう。

幸福は伝染する

毎日は平穏で、時がとまってしまった感じで、それがずっと終わらなければよいという気持にとらわれる。しかも、夜の皮が果物を剝くように剝かれると、そこには新しい日が待っていて、その新しい日は子供の写し絵のように多彩で大まかだったし、それと同じようにおぼろげな現実味のないものなのだった。

（ジェラルド・ダレル『虫とけものと家族たち』池澤夏樹訳）

ギリシアのコルフ島へ移住した一家の物語である。私の子どもたちがまだ幼かった頃に読み、この本に書かれているような生活を送りたいものだとコルフ島の生活に憧れた。

コルフ島での生活は旅に出た時のようである。旅に出ると、「ずっと終わらなければよいという気持にとらわれる」（前掲書）。ずっと終わらなければよいと思うのは、実際には時は止まらないからだが、そんな旅に出た時のような日がずっと続いたらいいのにと思う。旅に出た時のように、流れる時が常とは違う経験は常の生活の中ではできないのだろうか。

この家族は皆が好きなことをし、常識の縛りから自由に生きている。そんな彼らのコルフ島での生活は、いつも旅に出ているようである。旅と違うのは、戻らなければならない日常がないことである。

こんな生活ができないわけではない。仕事がつらく、毎日が同じことの繰り返しだからといって仕事を辞めるわけにはいかないが、仕事に向き合う姿勢を変えることはできる。

新しい日を「子供の写し絵」のように大まかでおぼろげで現実味がないものにするのである。そのためには、新しい日がやってきても、決して前の日の繰り返しであると思わず（実際、繰り返しにはならない）、旅の日々のように時間に縛られなければいい。実際には、時間に縛られずに生きることは難しいが、仕事も日々に起きることも同じことの繰り返しにならなないようにしなければならない。

訳者の池澤夏樹はあとがきの中で次のようにいっている。

〈幸福の定義について哲学者たちは古来いろいろと理屈をならべてきたが、実例を出すという一番わかりやすくて簡単な方法をとった者はいない〉

ほら、ここに幸福な人がいるではないか。これが幸福についての議論には代えられないと考える人がいるかもしれないが、ソクラテスも実例をあげている。

「ソクラテスほど賢い人はいない」というデルポイの神託に納得がいかなかったソクラテスは、知者を神の前に連れて行けばいいと考えた。そうすれば、神が誤っていることを証明できるからである（プラトン『ソクラテスの弁明』）。

それと同じように、幸福な人を見れば、幸福とは何かという定義をしなくても理解できるだろう。

一体、人は幸福になれるのか、不幸であることを望んではいないのに、なぜ不幸な人がいるのか。そもそも幸福とは何か。このようなことは、古代ギリシア以来、西洋哲学の中心テーマの一つであり、私自身もこのテーマについて考察を長く続けてきた。

しかし、池澤が指摘するように、「たぶん哲学者たちはあまり幸福ではなかったのだろう」。

幸福の「実例」になれる哲学者、つまり、「ほら、私はこんなに幸福なのですよ」といえる哲学者がいなかったということである。たしかに、肖像画や写真の中で微笑んでいる哲学者をすぐに思い浮かべることはできない。

ダレルの本の中に出てくる人たちは皆幸福に見える。末っ子のジェリー（ジェラルド・ダレル）は、目につく限りの生き物を家へ連れて帰って飼おうとするので、このままでは野生に戻るのではないかと家族は心配した。

私はこの物語の中のジェリーと犬のロジャーを、私の息子と飼い犬のアニーという名のシェパードに重ね合わせ、息子が自然の中で大らかに育っていくことを夢想した。そして、私自身については、哲学者たちがあまり幸福でなかったのであれば、私こそ幸福な哲学者になろうと思った。ダレル一家の幸福と哲学者たちの幸福の大きな違いは、幸福が外に現れているかどうかである。

三木清は次のようにいっている。

〈機嫌がよいこと、丁寧なこと、親切なこと、寛大なこと、等々、幸福はつねに外に現われる。歌わぬ詩人というものは真の詩人でない如く、単に内面的であるというような幸福は真の幸福ではないであろう。幸福は表現的なものである。鳥の歌うが如くおのずから外に現われて他の人を幸福にするものが真の幸福である〉（『人生論ノート』）

幸福は必ず外に現れる。その外に現れた幸福が他者に「伝染」するのである。気分が安定している人と一緒にいられるのはありがたい。いつも上機嫌でいるのは簡単なことではないが、周りの人に不機嫌であることを許してもらえると思うのは甘えである。

第五章　人生は合理的でない

人生はドラマとは違う

回顧すれば、私の生涯は極めて簡単なものであった。その前半は黒板を前にして坐した、その後半は黒板を後にして立った。黒板に向って一回転をなしたといえば、それで私の伝記は尽きるのである。

（西田幾多郎「或教授の退職の辞」『続思索と体験』『続思索と体験』以後』所収）

前に私が住んでいた家は駅の近くにあった。もっぱら自宅で仕事をする私は、朝早くから出かけることはめったになかったが、たまに仕事で朝出かけることがあると、勤務先の市役所まで早足で歩く人たちとすれ違った。ドイツの哲学者カントの散歩する時間はいつも決まっていて、ケーニヒスベルクの街の人々はカントを見て時計を合わせたという逸話が残っているが、毎朝、役所に通う人たちも、若い頃から何十年も同じ時間に職場に向かって歩いているのだろうと想像した。しかし、そのような人も、自宅と勤務先とを往復するだけの人生を生きてきたはずはない。

西田幾多郎は「私の生涯は極めて簡単なものであった」と人生を回顧しているが、実際には西田の生涯は「簡単」ではなかった。

〈わが心深き底あり喜《よろこび》も憂《うれひ》の波もとゞかじと思ふ〉（『西田幾多郎歌集』）

西田がこの歌を詠んだのは、五十三歳の時。既に次女と五女を亡くしており、数年前に妻が脳出血で倒れ（二年後、死去）、長男も病気で亡くしている。誰の人生にも不条理としか思えない事態が起きる。子どもの早世はもとより、高齢の親の死でも天命だと思って受け入れるのは難しい。

天災に遭って家を失うこともある。台風は自然現象だからと諦めることはできない。まして、原発事故のような人災のために、避難を余儀なくされ家を失うようなことは理不尽としか思えない。

ドラマであれば短い時間に大きな出来事が起こるのに、本当の人生はドラマティックではないように見えるが、人生を早回しで回顧して大きな出来事に焦点を当てればドラマティックに見えるかもしれない。

しかし、人生の大半の時には特別な出来事は起こらない。とはいえ、今の時代は日々生きるだけで苦しいが、とにもかくにも今日一日を生き延びることができたと思えると心は安らぐ。


人生にはストーリー、筋書きがない。ドラマの筋書きは脚本家が書くが、人生は誰かがその筋書きを書くわけではない。

神が書くと考える人はいる。マルクス・アウレリウスは、次のようにいっている。


〈神々のことは摂理で満ちている。偶然のことも、自然なしには、つまり、摂理が支配する事物から紡がれ編み上げられたものなしには生じない〉（『自省録』）

「摂理」は神が書いたシナリオである。人間には偶然に見えても、すべては神が書いたシナリオ通りに進行する。摂理のことをアウレリウスは運命とも言い換えている。

しかし、私には人生のシナリオを神が書き、人間は神が書いた脚本を読まないで、この人生で与えられた役を演じているとは思えない。何もかも決まっているのなら生きる意味などないといっていい。さらには、神の書いたシナリオに悪は存在しない。アウレリウスはこうもいっている。

〈起こることは、すべて正しく起こる〉（前掲書）

この世界で起きる出来事も神の摂理の下にある、つまり、神が筋書きを書いたのだから、起きる出来事はすべて決定されており、しかも正しい。自分の人生だけでなく、この世界に理不尽な出来事は起きず、悪も存在しないはずである。たとえ、そのようなことが起きたとしても、神の計らいである。

〈自分に起こり織り込まれたもの（運命）を愛し、歓迎すること〉（前掲書）

といわれても、私には自分が神の書いたシナリオ通りに演じる俳優だとは思えない。起きることのすべては正しく、それを受け入れ、さらに愛せとアウレリウスはいうが、起きることのすべてが正しいとは思えない。俳優も監督にシナリオを書き直すことを要求するのではないか、全部ではないとしても。人間は神の操り人形ではない。

アウレリウスが、

〈何かを追いかけず、避けもしないで生きる〉（前掲書）

といっていることは、理解できないわけではない。ストア哲学では「権内《けんない》にない」という言い方をする。自分の力が及ばす、コントロールできないという意味である。病気になることは権内にない。どれほど健康であろうと思っても、まったく病気にならないで生きることはできない。

人生には権内にない事態が起こり、行く手を遮る場合がある。病気になることは権内にないが、できるだけ病気にならないように健康な生活をすることはできる。病気になった時には、我が身の不運を嘆いてばかりいないで、治療を受けることはできる。

アウレリウスが「何かを追いかけず、避けもしないで生きる」というのは、何も追いかけないという意味ではなく、権内にないことは「追いかけず」、権内にあることであれば避けないで生きるという意味である。

人は神が書いたシナリオ通りに、この人生で与えられた役を演じているのではない。それでは、人が自分の人生を「設計」できるかといえばできない。順風満帆な人生を送っていると思っている人はそうすることは可能だと思うかもしれない。ポジティブに生きれば人生何でも思い通りになると思っている人がいて驚くことがあるが、そのような人でも、一度でも何らかの挫折を経験すれば、あるいは挫折しないまでも人生の行く手を遮る出来事を経験すれば、自分の望む通りに人生を生きることはできないと知るだろう。最初から何もできないと諦めることはないが、自分の力が及ばないことがあるのだと知っていたい。

要約できない人生

あの頃は要約が不可能な本ばかりを選んで読んでいました。なぜなら、ついに目が見えなくなればそれ以上本を読めなくなるのだし、実用書やベストセラーは、読んだ人に内容を要約して教えてもらえばいいと思ったからです。

（김연수「달로 간 코미디언」『세계의 끝 여자친구』

キム・ヨンス「月に行ったコメディアン」『世界の果て、彼女』所収）

キム・ヨンスの「月に行ったコメディアン」という小説に出てくる点字図書館館長は、先天性の白内障のために左目がほとんど見えず、右目だけで本を読んでいた。やがてその右目も見えなくなっても、身体の不自由な人たちの自立を助ける内容の本や、ベストセラーはオーディオブックになるので内容を知ることはできる。しかし、そうでない本はオーディオブックにはならないので、目の不自由な人には存在しないのと同じになると館長はいう。「要約が不可能な本」という言葉が私の注意を引いた。私はいつも要約が不可能な本を書きたいと思っている。ところが、章の初めに何が書いてあるかをまとめ、章の最後にもまとめを書くようにと編集者に指示されることが多い。わずかな言葉でまとめられるのであれば、本を書いたりしないと思ってしまう。要約を集めたサイトがあるが、一体、要約を読んで知識を得るような本を読むことにどれほどの意味があるのか。

他方、西田幾多郎の言葉を借りると、本は「悪戦苦闘のドッキュメント」(『自覚に於ける直観と反省』)であってはいけないとは思う。西田は思考過程を書き記しているのだが、書きながら考える哲学者の書いた本は読めない。

しかし、結論だけを記しても意味がない。そこに至る過程こそ重要である。その過程はわずかな言葉でまとめることはできない。私の理解では、小説は「要約が不可能な本」だが、小説ですらただストーリーがわかればいいと考える人がいる。要約を読めば本を読んだつもりになるのだろうが、そのような人にとって細部の描写などどうでもいいのだろう。

人生もまた要約できない。結末は誰の人生も同じである。死である。ある人がどんな人生を生きたかは、何年に生まれ、何年に死んだかさえわかればいいかといえばそうではない。死に至るまでの過程は人によって違うからである。その過程を要約することもできない。

しかも、合理的に要約できない。キム・ヨンスの別の小説には、「人生を論理的に回顧す

ることはできても、論理的に予想することはできない」という言葉が出てくる（「웃는 듯 우은 듯、알렉스、아렉스」『세계의 끝 여자친구』「笑っているような、泣いているような、アレックス、アレックス」『世界の果て、彼女』所収）。自分の人生を論理的に回顧することはできる。回想する時に立てた論理に合致しない出来事は捨象すればいい。「幸せなことが長く続くと、不幸な出来事が起こる」と考えている人は、人生を回顧した時に、自分の論理に合致し、自分の見方の正しさを裏付けることだけを見つけたらいいのである。

人生の成功者は挫折体験を語らないか、あるいはその体験を美化したり誇張したりする。人生を回顧する時に、どんな体験も無駄ではなかったという願望が入り込む。その願望をもって過去を回顧すれば、過去は論理的に見えるが、実際には、論理的でないことも多々起きているはずである。

自分の人生を振り返った時、自分の決断がいつも合理的だったといえる人はいないだろう。合理的かそうでないかは、どこに焦点を当てて考えるかによって違ってくる。成功だけを考えたら、成功するために必要だったことだけをするのが合理的だが、それによって、成功よりも大事なことを見失ってしまうかもしれない。

〈同じ人間が、あるときには論理的であり、あるときには非論理的である。あるときに

は慎重であり、あるときには軽率を極めるというのは、一体どういうことか〉
（加藤周一『ある晴れた日に』）

加藤周一の小説『ある晴れた日に』はアジア・太平洋戦争の日々を主題にしている。医師の土屋太郎は、ある日、同僚の外科医と戦況について話をする。土屋は医師の言葉に苛立たないわけにいかなかった。その医師は火傷の治療法については綿密な論理を操り整然と語れるにもかかわらず、沖縄の運命については簡単な論理さえ冷静に辿ることができないからである。

同じ人間が合理的でもあり、非合理的でもある。その決断もいつも合理的であるわけではない。

〈戦局の判断に関しては、非論理的であり、軽率であることが、愛国的なことであるのか〉
（前掲書）

非論理的な判断なのに、愛国心が高揚される。

これから起こる未来はどうか。これからのことは論理的に予想はできない。何が起こるかは誰にもわからないからである。これまでの人生が不幸だったからといって、これからの人生も同じように不幸続きとは限らない。反対に、これまでの人生が幸福だったとしても、これからも幸福な人生が続くとは限らない。

世界に起こることも合理的ではない。「この世界に起こる出来事はすべて神の摂理だ」という説明に納得できる人であれば話は別だが。病気によって世界の多くの人が亡くなること、戦争によって多くの人が殺されることは合理的だと考えて、そこに何らの意味も見出すことはできない。

「人生も世界も、起こることには意味がある」と考える人は、そう見えるように合理的に説明できないところを捨象したり、願望を持ち込んで恣意的な解釈をしたりすることで、正しい判断ができなくなってしまっているように見える。

人生や世界に起きる出来事は非合理なものだと見るほうが、起きた出来事をそのまま受け入れられるかもしれない。心筋梗塞で倒れた時、私は主治医から「あなたは助かったが、失ったものもたくさんある」といわれた。「いや、そんなことはない。病気になって得たものもある」と、病気になった意味を探すよりも、失ったものがあることを受け入れるほうが、その後の人生を肩を抜いて生きられるように思った。

人は理屈だけで動かない

おそらく、これは、羽生という男の、全生涯をかけた仕事だ。このために、これまでの羽生の生涯はあったのだ。
それを、他人のために……

（夢枕獏『エヴェレスト』）

『エヴェレスト』は、エヴェレストに無酸素で単独登頂を試みる登山家羽生丈二《はぶじょうじ》と彼を追う写真家深町誠の話である。深町は、山頂に立つ羽生の姿を撮ろうと後から登っていく。ところが、深町は途中落石事故に遭い、氷壁で宙吊りになってしまう。もはやこれまでと死を覚悟し、そのまま意識を失ってしまう。

ふと誰かが自分の身体を揺すっていることに気づく。羽生が引き返してきたのだ。互いに相手とは関係なく登るという約束をしていたことに加え、無酸素で登頂を目指すので、携行する荷物を減らす必要があった。メモ帳のページを半分切り取り、鉛筆も尻の部分を切り落としたりした。そこまでして極力負担がかからないようにしていた羽生が、宙吊りの自分を背負って助けようとすることに深町は驚いた。目の前になぜ羽生がいるのか。くるわけはない。幻覚を見ているのだろうかと思う。深町を救出した後、羽生は再び山頂を目指した。登頂に成功することだけを考えれば、羽生は宙吊りになった深町を救出しようとはしなかったろう。成功を最優先する人には、なぜ大きなリスクを冒してまで戻ってきたかという問いに合理的な答えを出せないだろう。

そもそも、羽生はこの登頂のことをどう思っていたのだろう。

三木清は次のようにいっている。

〈成功も人生に本質的な冒険に属するということを理解するとき、成功主義は意味をなさなくなるであろう。成功を冒険の見地から理解するか、冒険を成功の見地から理解するかは、本質的に違ったことである。成功主義は後の場合であり、そこには真の冒険はない。人生は賭《かけ》であるという言葉ほど勝手に理解されて濫用《らんよう》されているものはない〉

（『人生論ノート』）

成功は冒険の結果の一つであって、成功したか失敗したかは冒険を評価する際の基準の一つでしかない。登山家は成功を目指す。成功するかどうかを考えてなされる冒険は、冒険とはいえない。

羽生が登頂の成功ではなく、生命を優先することをためらわなかったのは、彼にとってエベレスト登頂が真の冒険だったからである。成功することだけに囚われていたら、引き戻してはこなかったであろう。

真の冒険は競争とは無縁である。龍應台は競争について、次のようにいっている。

〈私たちが必死になって学んだのは、百メートル競走をどう勝つかであった。転んだらどうするかなんて、誰も教えてくれなかった〉（『父を見送る』天野健太郎訳）

競争社会は敗者のことを考えない。勉強や仕事では結果が出る。結果を出せなければ意味がないと考える人は多い。よい結果を出せなかった時、競争して勝てなかった時にどうするかを誰からも教えられなかったというのは、たしかに龍がいう通りである。

転んだ人は二度と起き上がらないかもしれないが、他者と競争するためにだけ走るわけではない人は何があっても挑戦することをやめたりしないだろう。

やりたい仕事だけをする

そういう小さいところとの約束こそ大事にせなあかんものな、と。

（沢木耕太郎『２４６』）

心筋梗塞で入院していたある日、私の胸に聴診器をあてた主治医は退院後の仕事についてこんな話をした。

「仕事は制限しなければならない。しかし、こういうことは論理的には決められない。どの仕事を引き受けるか、あるいは、引き受けないかは自分でしか決められない」

私は病気を理由に仕事を断ってもいいかとたずねた。「もちろん、断りなさい」という答えが返ってきた。私は、仕事は必ず引き受けなければならないと思い込んでいたので、医師の言葉を聞いて少し驚いた。というのも、入院している時に近く出版されることになっていた本の校正刷が届いたのだが、編集者には入院していることをいわずに校正をしていたからである。

「要は、疲れたら休む、ということですね。元の生活には戻れないが、大抵のことはできる」

「退院後してはいけないことはありますか」

「これだけのことをいついつまでに必ずやり遂げる、そういうのはやめなさい。高校生が何日も徹夜して何かをやりとげ、エンドルフィンが出て達成感があるというような、そんなことも」

医師はこのやりとりの後、こう付け加えた。

「本は書くといいです。後に残りますから」

本を書くために徹夜をしようとはもはや思わなかったし、退院後から今に至るまで無理な生活は送ったことはないが、それでも本を書くことには大変なエネルギーがいるのは本当である。もしも医師が私の健康のことだけを考えていたら、本を書いてはいけないといったかもしれない。しかし、私の退院後の人生で本の執筆が生きる意味になることを医師は知っていたのである。もちろん、私も同じ思いだった。何をするかは論理的には決められないのである。

沢木耕太郎が、ある時、水上勉から中国に行かないかと誘われた。中国側から正式に招待されての国賓待遇の訪中団の一員としてであった。ところが、その時期に、小さな図書館で講演する約束をしていた。

そのことを沢木が水上に話すと、水上は「そういう小さいところとの約束こそ大事にせなあかんものな」と答えた。

このくだりを読んで、アメリカの俳優、ピーター・フォークが天皇から招待された時に先約があると断ったという話を加藤周一が伝えているのを思い出した。

〈私は先約の相手に、友人か恋人か、一人のアメリカ市民を想像する。もしその想像が正しければ、彼は一国の権力機構の象徴よりも、彼の小さな花を択んだのである〉

（「美しい時間」『小さな花』所収）

誰もが愛すべき「小さな花」を持っている。

〈一九六〇年代の後半に、アメリカのヴィエトナム征伐に抗議してワシントンへ集った「ヒッピーズ」が、武装した兵隊の一列と相対して、地面に坐りこんだとき、そのなかの一人の若い女が、片手を伸ばし、眼のまえの無表情な兵士に向って差しだした一輪の小さな花ほど美しい花は、地上のどこにもなかったろう。その花は、サン・テックスSaint-Exの星の王子が愛した小さな薔薇である。また聖書にソロモンの栄華の極みにも比敵したという野の百合である〉（前掲書）

自動小銃対小さな花。権力対市民。一方には組織と合理的な計算、他方には無名の個人と感情の自発性がある。愛に合理的な計算はない。

〈人は小さな花を愛することはできるが、帝国を愛することはできない〉（前掲書）

権力の側につくのか、市民や「小さな花」の側につくのか選択を迫られる機会が人生においてはある。権力は花を踏み躙《にじ》り、愛する可能性を破壊する。それでも、小さな花の側につきたい。加藤は次のようにいう。

〈私は私の選択が、強大な権力の側にではなく、小さな花の側にあることを、望む。望みは常に実現されるとは、かぎらぬだろうが、武装し、威嚇し、瞞着し、買収し、みずからを合理化するのに巧みな権力に対して、ただ人間の愛する能力を証言するためにのみ差しだされた無名の花の命を、私は常に、かぎりなく美しく感じるのである〉

（前掲書）

沢木の話に戻る。沢木は中国行きは諦めた。

〈しかし、残念は残念だったが、「長期間、バックパックで、自由に、普通の旅をする」という夢が消えないことに、ホッとしたものを覚えたのも事実だった〉

（沢木、前掲書）

それだけでかまわない

三食をつましく作って食って、近所を散歩して俳句作って、あとは家にある本とCDを消化するだけの人生で別にいいのだが。

（天野健太郎「はじめに」『風景と自由　天野健太郎句文集』）

これは、台湾文学の翻訳者である天野健太郎の言葉である。「つましく作って食って」、後は好きなことをする。「別にいい」のである。そのような生き方をよしとしない人はいるかもしれないが働かないわけではない。贅沢しないで好きなことをして生きる。他にどんな人生を生きるというのか。

実際には天野はこれ「だけ」ではなく、翻訳者として多くの仕事をした。七年間に十二作の翻訳を出版している。呉明益の『自転車泥棒』の翻訳が出版された五日後、天野は四十七歳で亡くなった。

旧約聖書の「コヘレトの言葉」には何事も、例えば、生まれるにも、死ぬにも「時」があって、人が苦労してみたところで何になろうとある。たしかに、自分でいつどこでこの世に生まれるかを決めることはできないし、長生きしたいと思っても、いつどこでどのように死ぬかを決めるわけにはいかない。

聖書には続けてこう書いてある。

〈人間にとってもっとも幸福なのは
　喜び楽しんで一生を送ることだ〉

プラトンも、正しい生き方とは一種の遊びを楽しみながら生きることであるといっている（『法律』）。

とはいえ、生きることは苦しい。苦しいことも、悲しいことも一度も経験しないで生きることはできない。人生は決して順風満帆ではなく、行く手を阻むことは度々起こる。一生懸命勉強しても試験に合格せず、願っていた学校に入学できないことがある。思いがけず病気で倒れることもある。

それでも、そんな人生を楽しんで生きることはできる。どんなことも楽しむためには真剣でないといけない。しかし、自分が望んだ通りの人生を送れなくても、深刻になることはない。

〈誰でも、ふとしたときに、わけもわからないまま、なにかに惹かれてしまうことがあるらしい〉（天野健太郎「あいまいな国境の歴史（抄）」前掲書所収）

わけもわからぬまま惹かれたものに夢中になれれば、何があっても深刻にならないで生きられる。わけもなく惹かれるものは趣味といわれるが、趣味といえるためには条件がある。

まず、役に立つ、立たないという発想から自由にならなければならない。どんなことでも役に立つかとか意味があるかとか問わないと気がすまない人がいる。趣味がなくても生きていける。役に立つか立たないかといえば、役に立たない。役に立つかどうかばかり考えていては、趣味に没頭することはできない。

次に、何か結果を出さないといけないという発想から抜け出すことである。専門家といわれるくらい究めると面白くなるものだ。好きでたまらないので打ち込んだ結果、専門家のようになることはあるが、究めることを目標にすると、結果を出せなければ、たちまちつまらなくなる。これだけの時間と労力をかける価値はないのではないかと思うようになるからである。

もっとも、それほど時間も労力もかけないうちに断念することがある。定年後、これからは趣味に生きようと思って高価な一眼レフカメラを買ってみても、すぐに使わなくなることがある。シャッターを押しさえすれば写真は撮れるものと思っていた人は、写真は思いの外難しいことにすぐに気づく。写真の撮り方のような本を買って読むと、構図にさえ注意すればいい写真が撮れると思うかもしれないが、撮ってみたい被写体が目の前に現れた時、理論は吹き飛んでしまう。シャッターを切らなければチャンスを逸してしまう。

誰かにほめられなければ気がすまない人は、写真を撮っても誰からもほめられないのでがっかりすることになるかもしれない。人から認められなくても、写真を撮ること自体がおもしろいと思えなければ続かない。

趣味に理由は必要ではない。天野がいうように「わけもわからないまま」惹かれるものである。
九鬼周造がこんなことを書いている。作家の林芙美子が北京への旅の帰りに、九鬼のいる京都へ立ち寄った。林が何かの拍子に小唄が好きだといったので、小唄のレコードをかけて皆で聴くことになった。

〈「小唄を聴いているとなんにもどうでもかまわないという気になってしまう」〉

（「小唄のレコード」『九鬼周造随筆集』所収）

九鬼は林のこの言葉に「心の底から共鳴」し、こういった。

〈「私もほんとうにそのとおりに思う。こういうものを聴くとなにもどうでもよくなる」〉

（前掲書）

私は学生の頃、オーケストラでホルンを演奏していたので、他のことはどうでもよくなるという気になると林や九鬼がいったことの意味がよくわかる。あの頃は勉強もしていたが、講義室に行く前に部活動室に直行していた。

〈私は端唄や小唄を聴いていると、自分に属して価値あるように思われていたあれだのこれだのを悉《ことごと》く失ってもいささかも惜しくないという気持になる。ただ情感の世界にだけ住みたいという気持になる〉

（前掲書）

ふと合理的に考え、計算してしまうと、こんなことをしていていいのかと思ってしまうと、
生きる喜びは失せてしまう。

第六章 人生を自分で選ぶ

目立たなくても

「目立たない子も、あるものです。目立つ子や、才気走った子が、すぐれた仕事をする人間になるというわけでは、御座《ござ》いますまい。かえって目立たないような人間が……」

（湯川秀樹『旅人』）

物理学者の湯川秀樹は、自分はあまり目立たない存在だったと自伝の中でいっている。父親が、きょうだいの中で彼だけを違った道に進ませようとした時、母親は目立たなくてもすぐれた子どももいると再考を促した。

母親は子どもたちに不公平なことはしたくない。それに対し、父親はそれぞれの子どもにふさわしい道であれば、違う道を歩かせたところで、かえって公平といえるだろうといった。好む者も好まない者も、それにふさわしい者もふさわしくない者も皆同じ道を歩かせるとしたら、それこそ悪平等ではないかと思い悩んだ。

父親は一中の校長森外三郎に相談した。普通に高校から大学に進ませるかそれとも専門学校に行かせるか。

〈「秀樹君はね、あの少年ほどの才能というものは、滅多にない」

「いやあ……」

「いや、待って下さい。私が、お世辞でも言うと思われるなら、私はあの子をもらってしまってもいいです」

「………」〉（前掲書）

その後、湯川は旧制第三高等学校に進学した。

学者になることだけが人生でないと親が考えるのは正しい。両親のやりとり、父親と校長のやりとりを湯川は自伝の中で詳しく語っているが、この子どもをどうやって学校にやらせるか相談する親とカウンセラーのやりとりのようだと思ってしまった。

湯川自身はこのような話し合いがあったことを後になって教えられたのだろう。私も父が哲学を学ぶことに反対していたと母から知らされたことがある。親が子どもの人生の進路を決めることはできない。

アドラーの父親のことを思い出した。オーストリアでは、十歳になるとギムナジウムという、大学に進学するための学校に入るか、職業学校に入るかを決めなければならない。アドラーはギムナジウムに入学したが、親が年齢を一歳偽って入学させた。

ところが、成績は振るわず、最初の年に落第した。特に、数学の成績が悪かった。両親が強くプレッシャーをかけ、競争意識の強い級友たちよりも一歳年下であったこともあり、アドラーはこの学校に適応することは難しいと思った。父レオポルトは、成績が振るわないアドラーに、ギムナジウムをやめさせ、靴作り職人の徒弟にならせると怒って脅かした。この脅しがよほど怖かったのか、その後、一生懸命勉強すると、たちまち成績は上がり、苦手だった数学も克服した。

このような強制による教育をアドラーは批判しているので、本当にこのようなことがあったとは思えないが、もしも事実なら、父親は反面教師になったことになる。

さらに、問題は、湯川の父親についていえることだが、親が子どもの人生を決めようとしていることである。親は子どもが自分では決められないと思うか、それとも、一生を左右するかもしれない進路は親が決めなければならないと思うのかもしれないが、どんな人生を生きるかは本来子どもが自分で決めることである。

アドラーは、十七歳か十八歳の若者が、努力はしているが、まだ何をしていいかわからないのは困ったことだといっている（『個人心理学講義』）。この年齢に達する前に、将来どんな仕事に就くかに関心を持てるように努力しなければならず、学校で将来何になりたいかというような題で作文の課題を出すことを提案している。書くようにいわれて初めて、そういう課題がなければずっと後まで直面しないかもしれない問いに否応なしに直面することになる。

アドラーのいうように、どんなことをしてみたいかと考える援助はあっていいと思うが、必ず、「職業」選択への関心を喚起しなければならないわけではないと私は考えている。

親は子どもにどうしたいのかたずねることはできる。親の考えとは違う答えが返ってきたら、親は子どもの人生について自分の考えをいうことはできるが、それ以上のことはできない。

立派な人間になればいい

> ある日、わたしの生徒のひとりのおかあさんがたずねてこられました。その生徒は、よく練習し、音楽的センスも育ち、優秀な子です。「先生、うちの子はものになるでしょうか。」おかあさんのこの問いに、わたしは笑って答えました。
> 「いや、おかあさん、ものにはなりませんよ。」
>
> （鈴木鎮一『愛に生きる』）

バイオリンを子どもに習わせる親に「うちの子はものになるでしょうか」とたずねられて、鈴木鎮一がこう答えた時、この親は驚いたに違いない。鈴木は続けてこういった。

「しかし、お子さんはりっぱな人間になられます。それだけでいいではありませんか」（前掲書）

生徒の親が使う「ものになる」というのは音楽家として大成するという意味だろうが、人間が文字通り「もの」になるという意味にも私には聞こえる。今の時代も、就活で自分を「人材」として、他の誰にでも代えうる「もの」としてアピールしようとする人は多い。他の誰にも代えることができない「私」をアピールするのではない。ものとして、さらにいえば、商品としての自分を会社に売り込む時、個性は必要がないと考えているように見える。個性的であると見られてはいけないと考える人は、皆と同じリクルートスーツで面接に臨む。

会社のほうも没個性の一般的な人を採用しようとしているように見える。ものとして生きる人の人生は、どれも似ている。これから先どんな人生が待ち受けているかもわかっているかのようである。だから、人生設計をするのだが、先の人生に何が起こるかは誰にもわからない。

親は子どもに対し、先が見える人生を送ることを願う。そんな人生であるためには、他の人とは格別違っていてはいけない。その上で成功もしてほしいのである。そう考えて、親は子どもに幼い頃から勉強させ、習い事をさせる。

しかし、一生懸命練習してもどうなるかはわからない。だから、「うちの子はものになる」かとたずねる。先が見えないのが不安なのである。

たしかに、頑張っても結果を出せないことはある。しかし、鈴木は「りっぱな人間になられます」という。「もの」にならなくても「人間」になれば十分である。

鈴木がいう「立派」の意味はわからないが、バイオリンの名手にならなくても、どんな手を尽くしても他者との競争に勝ち抜こうと思うような人にならなければ十分であると私は思う。バイオリンに限らず、子どもが努力して成功したとしても、人の気持ちがわからないようになったとしたら、親として悲しいだろう。

子どもをよい学校へ入れようとする教育熱心な親は今の時代に初めて現れたわけではない。三木清が教育熱心も方向を誤るとよくないと次のようにいっている。

〈有閑の婦人が教育に熱心であるのは結構なことであるが、熱心も方向を誤ると却って害悪を生ずるのである。東京の小学校の如きにおいては彼女等が毎日のように学校へ押し掛ける。しかし彼女等の脳裡にあるのはクラスの全体の子供でなく、自分の子供だけであり、そして特に上級の学校へ入学させることである。彼女等の希望は、自分の子供を一般に「善い」学校へ、或いは有名な学校へ入れて貰うことだ。善い学校へ入れようとすることは一面我が国民の進歩的な性質を現わすものであるが、他面それは実質の問題であるよりも有閑の婦人の虚栄心の問題であることが多い。子供の素質などはあまり考えられないのである〉

（『現代の記録』『三木清全集』第十六巻所収）

この親たちは自分の子どもさえよければいいと思っている。これは子どものためではない。「虚栄心の問題」だと三木はいう。「子供の素質などはあまり考えられない」のだ。

子どものためによかれ、と子どもに勉強させているのではない。親は優秀な成績で学校に入学する子どもを持つ自分が誇らしいのである。だから、子どもが受験に失敗すれば、親は傷心の子どもを慰めもせず、親を落胆させたことを責めるだろう。

子どもは親の虚栄心を満たすために生きているのではないのだから、自分がしたいことがあればそれをしたらいい。「習い事を辞めたい」と言い出した子どもに動揺する親の相談に与《あずか》ることはよくあった。私は、例えば幼い頃から学んでいたピアノを辞めたいと子どもが言い出せば、子どもの思いを尊重したほうがいい、無理強いして音楽を嫌いになったら、元も子もないといっていた。

音楽を嫌いにならなければ、またいつか音楽を学びたくなることはあるだろう。自分で演奏しなくても、音楽を楽しめるようになるだろう。それで十分ではないか、と私は話した。

勉強も同じである。親が無理強いしたら勉強が嫌いになる。受験とは関係なく、知ることは楽しい。学ぶ喜びを幼い頃に早くも失ってしまったら、生きる喜びも感じられなくなる。

小学生の時、中学受験をしようと思った。模擬試験を受けた。学校で学んだことのないことばかり出題されていた。

母は担任の先生に相談した。中学受験は精神的に早いと教師はいった。それがどういう意味だったかは確かめようがないが、受験しなくていいのなら、それでもいいと思った。

強い内面からの促しで人生を選ぶ

あの時僕には、若くして、僧籍に身を捧げることは、人生の様々な楽しみや発展の可能性を犠牲にするように思えたのだ。

（森有正『バビロンの流れのほとりにて』『森有正全集1』所収）

森有正は、ノートルダム寺院でミサを聴いていた時、献金を集めにきた若い僧を見て「あの若いのに可哀そうだね」といった。「発展の可能性を犠牲にするように思えた」というと、この若い僧が自分の才能を活かせるよりよい人生があったのに、それを選ばなかったという意味に読める。

このエピソードを読んで、私は高校の同級生が大学に進学しないと言い出した時のことを思い出した。彼は大学で学ぶことは何もないといった。既に人類学を学んでいた彼がそう思うのはもっともだと思う一方で、大学に行けばさらに才能を伸ばせるのではないか、大学に進学しないことは彼の人生の可能性を狭めることにならないかと懸念したのをよく覚えている。

しかし、森の言葉でいえば、彼の選択が人生の「発展の可能性」を犠牲にすることにはならないだろうとも思った。森は、若くして僧籍に身を捧げることが人生の楽しみや発展の可能性を犠牲にするという考えを否定はしない。しかし、少し見方が変わってきたと次のように書いている。

〈それは一人の人間が、若い時に、人生の様々な経験によって擦りへらされる前に、自分が熱情を感じたものに、全人生を献げることは、決して間違っていないのではないか、と思うようになってきたからだ〉(前掲書)

若い時には、どんな人生でも選べる気がする。しかし、どんな人生でも選べるという可能性があることと、実際にどんな人生を選ぶかは別問題である。

どんな人生でも選べたわけではなかったと感じる人は多いだろう。どんな人生を選ぶかというより、どんな人生を選べるかというほうが正確だろう。どんな仕事にでも就けると思っていても、自分の置かれた環境がそれを許さないことはある。何か偶然的な力が働くこともある。昔、大学紛争のために東京大学の入学試験が中止になったことや、コロナ禍で留学を断念することを余儀なくされた人がいたことを思い出す。

しかし、自分が入った大学が行きたい大学ではなかったとしても、また、選んだ仕事が必ずしもやりたいことではなかったとしても、いい先生に出会えるということもあるし、今も仕事を続けられているのは、自分にあった仕事だったからだともいえる。

　強い意志で人生を選んだ人は多くないかもしれないが、若い時に他のことに目もくれず、自分が感じた熱情に人生を捧げる人はたしかにいる。森は、なぜ若い時に熱情を感じたものに全人生を捧げることは決して間違っていないと考えるようになったのか。

〈人生の終りになって、人がかえりみて思うことは、人生のよい時は若い時であり、それ以後は、それに並ぶ時はもうなかった、ということではないだろうか。そうして見ると、若い時に献身の熱情に燃えた者が、以後の全人生をそれに献げて、若い時の果を結ぶのに用いることは、全人生を若い時の熱情の水準にまで高めることで、決して間違ってはいないのではないか〉　（前掲書）

　人生のもっともよい時である若い時に感じた熱情に全人生を捧げれば、全人生を若い時の熱情の水準にまで高めることができると森は考える。しかし、私は、森がなぜ「人生のよい時は若い時だ」といい、若い時を人生の他の時期と比べて特別視するのかわからない。誰もが、人生の終わりになって、自分の人生のよい時は若い時だったと思うとは限らないのではないか。

　歳を重ねてから、そのために人生を生きようと思えるものに出会えることはある。森は、アルバート・シュバイツァーの例を引いている（『いかに生きるか』）。

シュバイツァーは、神学者、哲学者、オルガニストだったが、突然、アフリカに行く決心をした。その時、シュバイツァーは三十代で、学者、芸術家として忙しい生活の合間を縫って、アフリカの人を助けるためにストラスブール大学に入学し、医学を学び始めた。彼が医学部に入ったのは、医学的な興味からではなく、人道的見地からだった。

彼にオルガンを教えていたビドル先生は、なぜ止めなかったのかと周りから責められた時、こう答えた。

「神さまが呼んでいるらしい」「神さまが呼んでいるというのに、私は何をすることができるか」

天職のことを英語ではコーリング（calling）、ドイツ語ではベルーフ（Beruf）という。どちらも「神に呼ばれる」とか、「神に呼び出される」という意味だが、神に強制されたのではないだろう。英語では「責任」はresponsibilityという。「応答する能力」という意味である。例えば、花瓶を落として割った時に、誰が落としたのかという問いに「私です」と応答できるのが責任を果たすということである。

神がモーセに人々をエジプトから脱出させるように命じた時、モーセは、私のような者が、人々をエジプトから導き出すなどということはとてもできないとためらった（『出エジプト記」)。モーセですらためらう。

アブラハムは神から呼びかけられたら、必ず「はい、私はここにいます」と答えた。息子のイサクを燔祭《はんさい》(動物を生贄として祭壇上で焼き、神に捧げる儀式)の犠牲として捧げよといわれた時も何らためらうことなく手を伸ばして刃物を取り、あわや息子をほふろうとした。まさにその時に、天使が「その子を手にかけるな」と介入する場面がある(「創世記」)。

神から呼びかけられたからといって、神に求められたことを何でもするのは間違っている。たとえ、神の要請であっても、従うべきかは自分で判断しなければならない。私であれば、子どもを犠牲に捧げよといわれたら拒むだろう。呼びかけは外からのものであっても、それにどう答えるかは自分で決められる。自分で決めなければならない。

こういうことをしたいと強く願うことがある。これを森は「内面的な促し」(前掲書)という。その際、どういうわけかわからないこと、理由をつけることができないことがある。理由はないが、神に呼ばれたとしかいえないような仕方で内面から促され「しっかりした不動の決心」(前掲書)でシュバイツァーは人生を踏み出したのである。

この「不動」というのは、人からいわれたらすぐに考えを改めてしまうような決心ではなく、誰にも動かされないという意味である。決心して生き始めても思う通りにはならず行き詰まることはありうる。その時は、不動であってはいけないが、誰からも影響されず決心して生きることには勇気がいる。

若い時であれ、歳を重ねてからであれ、そのような決心をする人がいれば、その決心を実現する援助をしたい。せめて邪魔はしてはいけない。高校生の頃、哲学を学びたいと私がいった時、父が反対したにもかかわらず、母が「あの子がしていることはすべて正しいから見守ろう」と私の選択を支持してくれたのはありがたいことだった。

やりたいことはないのかという問い

「やりたいことっていう言い方、なつかしくないですか?」

(多和田葉子『地球にちりばめられて』)


親から「やりたいことはないのか」とたずねられた人は多いかもしれない。

〈自分は何者なのか、という問いに答えるのは難しいけれど、自分のやりたいことが見つかれば、人生の答えが出たみたいな気になる。やりたいことが分からない人間は、とんでもない道に迷い込んでしまうんじゃないかって周りも心配したりして。親とか友達

とかに若い頃、おまえのやりたいことは何なんだ、とか訊かれたこと、あるんじゃないですか？〉（前掲書）

親は子どもが学校を卒業したら、何かをするものだと思っている。だから、もしも子どもがやりたいことはないとか働かないといえば、親は黙っていられないだろう。働かなければ生きていけないではないかと怒り出すかもしれないし、怒らなくても子どもの将来を心配して不安になるだろう。

娘が大学の教育学部に合格した時、これで娘の人生は決まったと喜んだ親がいた。「人生の答え」が出たと思ったのだろう。しかし、教育学部に入っても教師になるとは限らない。卒業後、教師になったとしても、生涯教師を続けるとは限らない。続けたいと思っていても続けられないこともある。教師になった私の友人は過労死した。労災の認定が下りるまで何年もかかった。教師になった時には、そんなことになるとはよもや思っていなかっただろう。

何がやりたいのかとたずねられた時、すぐに答えられなければならないのだろうか。「やりたいことがない」という時、皆がやりたいことはやりたくないという場合もあるだろう。皆と同じことはしたくない。さりとて、何をするかまったく見当もつかない――そんな時、「やりたいことはない」と答えるしかない。

たしかに、働かなければ生きていけない。しかし、やりたくないことをしてまで働かないといけないのか。子どもが「やりたくない」と答えるのは、このような疑問があるからである。これからの人生について何も考えていなければ、こんな疑問を持つこともないだろうが、何がやりたいかを迷いなく答えられることがいいとはいえない。

一方で、同じ仕事を生涯続ける人は、仕事に就いてもその仕事を長く続けられなくなる可能性もある今の時代に、「本当に」自分がやりたいことを見つけられたのであれば幸せともいえるが、「人生の答え」を出した気になっているだけで、本当に何がやりたいのかと自分に問うのをやめてしまっているだけかもしれない。答えが出たわけではない。出たような「気になっている」だけかもしれない。

やりたいことがあっても、それが親の期待や価値観からかけ離れていると、親は黙っていられない。親にやめろといわれてやめるようであれば、本当にやりたいことではなかったのだろう。

私が高校生の時哲学を学びたいといったら、父は反対した。哲学がどんな学問かを父が知っていたとは思わない。将来、経済的に苦労するのではと心配だったのだろう。

その後、大学院を終えても、私はいつまでも常勤の仕事に就かなかった。学校を卒業するとすぐに働き始めた父には、私の生き方は理解できなかったのだろう。毎年四月になると、今年は就職が決まったかと電話をかけてきた。

「お前のやりたいことは何だ」という問いに対してすぐに答えが見つからなくても、やりたいことがあってもそれが他の人に理解されなくてもいいのではないかと思うが、私自身も哲学を学びたいということは明確にわかっていたのに、その先のことになると揺らいだ。母の看病のために大学に行かなくなった半年の間に、本当にやりたいことが大学で教えることなのかわからなくなったのである。

やりたいことは未来にしかないのか

目標を設定しなければ、考えることも、感じることも、行為することもできない。この目標設定は、どんな動きにおいても避けることはできない。一本の線を引く時、目標を目にしていなければ、最後まで線を引くことはできない。欲求があるだけでは、どんな線も引くことはできない。即ち、目標を設定する前は何をすることもできないのであり、先をあらかじめ見通して初めて、道を進んでいくことができるのである。

（アドラー『教育困難な子どもたち』）

何か行動を起こそうとする時、まず「目標」を設定し、それに向かっていく。「やりたいこと」が目標である。

目標を設定しなければ、いかなる「動き」も起きない。どこまで線を引くかという目標が見えていなければ、線を引き始めることはできても「最後まで」線を引けないとアドラーはいう。やりたいことがわからなかったら動き始められないということである。

やりたいことが何かわからないという人がいれば、周りは心配する。やりたいこと、つまり、目標が見えなければ動かないだろうし、動かなければ、「とんでもない道」（多和田葉子『地球にちりばめられて』）に踏み込むことはないはずだが、実際にはやりたいことがなく目標がなくても動き始める場合はある。だから、「とんでもない道」に迷い込むのではないかと周りは心配なのである。

慎重な人であれば、迷うことがないように、目標がはっきりと見えるまでは動き始めないだろう。しかし、動き始めなければ何も起こらない。

何もしないまま可能性の中に生きる人は、待てばもっといい仕事や、もっといい人に出会えるに違いないと思う。そう思っている間に、時はどんどん過ぎ去ってしまい、こんなことならもっと早く動いていればよかったと後悔することになる。

失敗することを過剰に恐れなくていい。もしも何か問題が起これば、その時点で立ち止まることも、必要があれば引き返すこともできる。

この線を引くという行為は、線を引き終えるまでは未完了で不完全である。線を引くという行為の目標は「外」にある。線を引くこと自体は目標ではなく、線を引き終わって初めて目標は達成される。

アリストテレスは、このような始点と終点のある動きを「キーネーシス」と呼んでいるが、このような動きにおいては、「なしつつある」ことではなく、何をどれだけの時間で「なしてしまった」かが重要である。例えば、電車で移動する時、どこに行くかという目標（目的地）ははっきりしていて、そこに効率的に早く到達しなければならない。到達できなければその動きは不完全である。

問題は、すべての動きをこのように説明できるかということである。この人生における動きにはすべて始点と終点があるのだろうか。

アドラーは先の引用の中では、考えることも、感じることも、目標設定が必要な「動き」の一つにあげているが、別の箇所では、

〈人が生き、行為し、自分の立場を見出す方法は、必ず目標の設定と結びついている〉

（『性格の心理学』）

と、生きることも線を引く喩えを使って説明している。これはキーネーシスの説明である。

アリストテレスは人間本来の動きのあり方は、キーネーシスではなく、「エネルゲイア」（現実活動態）であると考えている。エネルゲイアとしての動きにおいては、キーネーシスと違って、目的は行為の「内」に存在する。行為自体がそのまま目的であるということである。それは常に完全で「どこからどこまで」という条件とも「どれだけの間に」ということにも関係がない。「なしつつある」ことが、そのまま「なしてしまった」ことである。例えば、ダンスは、踊ること自体が目的である。どこかに行くという目標を定め、そこに向かって踊ったりしない。

それでは、生きることはキーネーシスか、エネルゲイアか。もしも生きることがキーネーシスであれば、始点が誕生、終点が死であり、効率的に生きるとは一日も早く死ぬことになる。

死ぬことが目標であれば、その目標は誰にもはっきり見えているが、人は死ぬために生きるのではない。生きることはキーネーシスではなく、エネルゲイアなのである。死は人生の到達点だが、死は生きることの目標ではない。「生きつつある」ことがそのまま「生きてしまった」ことになる。

目標を未来に置き、その目標、やりたいことがはっきり見えていなくても、動き出せる。目標は行為の内側にあり、今行為することがそのまま目標だからである。

このように考えると、今将来やりたいことという意味での目標がなくても大きな問題にはならない。むしろ、明確な目標があれば、それを達成するまでの人生は目標を達成するための準備期間、あるいは、目標を達成するまでの期間は本番前のリハーサル、仮のものになってしまう。未来に目標を設定しなければ、明日という日を待たずに人生は完成する。今を生きる人生に「道半ば」はない。

また、その目標は必ずしも自分が選んだわけでなく、多くの人が無自覚に選んだものである。周りの人は、そのような目標がないと皆と違う人生を生きることになるのではないかと心配する。

しかし、やりたいことや目標が未来ではなく「今」あってもいいのではないか。何かのためではなく、今ここで夢中になれることがあれば、これから先のことを考える必要がなくなる。それが本当にやりたいことであり、それこそ人生というよりは生きることの目標と考えてもいいのではないか。

そのような生き方をしていれば、どこにも到達できないではないかと思う人がいるかもしれないが、先のことばかり考えて生きてみても、いつかやりたいと思っていたことを達成できるとは限らない。どこに到着するかは問題にならない。通勤であれば、始点と終点があるので、終点である学校や会社などに到着しなければならないが、エネルゲイアとしての人生はちょうど旅がそうであるように、どこに到着しなくてもいいのである。

そうであるならば、今を生きることに徹したら、どこにも到着しなくても、その過程での、あるいは旅に喩えるならば道中でのちょっとした経験も喜びに感じられるだろう。

自分の意思で目標を決めるということ

夜のもっとも静かな時間に、私は書かずにはいられないのかと自分にたずねなさい。

(Rilke, *Briefe an einen jungen Dichter*)


ドイツの詩人であるリルケは、自作の詩を送ってきた若い詩人フランツ・カプスに、今後批評を求めるようなことは一切やめるようにといい、夜のもっとも静かな時間に「私は書かずにはいられないのか」と自分にたずねるよう助言している。

そして、「私は書かずにはいられないのか」と問うてみて「書かずにはいられない」と答えられるのであれば、「この必然性に従ってあなたの生活を建てなさい」といっている。

ここでリルケがいう「書かずにはいられない」は、ドイツ語では Ich muß schreiben だが、これは「私は書かなければならない」とも訳せる。しかし、義務感で書くということではなく、内面的な促しに従って書くということである。

リルケは、詩を出版社に送り、自分の詩を他人の詩と比べたり、編集者に詩が拒絶されると不安になったりするようなことを一切やめるようにカプスに助言する。

詩を内面的な促しや「必然性」に従って書くのであれば、つまり「書かずにはいられない」のであれば、他者からの評価はどうでもよくなり、他者からの評価に一喜一憂することはなくなる。

自分の外に目標が最初からあるのではない。誰かが決めるのでもない。人生の目標は自分が決めなければならない。しかも、詩人が詩を書くように、行為それ自体が目標でなければならない。

書かずにはいられない詩を書くことが、何につながっていくかはわからない。世間的な成功にはつながらないかもしれない。しかし、ふとこの詩は売れるだろうかと考えた時、その生活は「書かずにはいられない」という必然性から逸脱してしまう。私はいつもこの厳しいリルケの言葉を思い出す。とりわけ、書きあぐねて書いては消してばかりしている時には。

金子みすゞは童謡を書くこと、投稿仲間と文通することを夫に禁じられた。このような歌がある。

〈明日《あす》よりは、

何を書こうぞ

さみしさよ〉（「巻末手記」『さみしい王女』）

精神の世界を自由に羽ばたいていたみすゞは、書かずにはいられなかった。書くことを禁じられたみすゞは命を絶った。

夢見る人

世なれた利口な人達は親切そうに私に度々云ってくれた、「君はトロイメルだ。その夢は必ず絶望に於て破れるものだから、もっと現実的になり給え。」私は年も若いし経験も貧しい。けれど私の心は次のように私に答えさせる。「私は何も知りません。

ただ私は純粋な心はいつでも夢みるものだと思っています。」

（三木清『語られざる哲学』『三木清全集』第十八巻所収）

「世なれた利口な人達」は親切そうにいったと三木はいう。夢と理想を掲げ真剣にこの人生を生きようと決心した人の前に、現実は厳しいと立ちはだかる人がいる。そのような人は人生を諦めてしまっている。自分が挫折したからといって、他の人が、とりわけ、若い人が理想を追求するのをなぜ止めるのか。親切でいっているのではないかもしれない。他の人が夢を実現するのを見たくないだけではないか。

トロイメルとは「夢見る人」という意味である。トロイメルも歳を重ね、現実の困難に直面すると、理想を引き下げ、どこかで妥協し、現実的になってしまう。

もしも誰かが私に夢見ることを諦めるようにといっても、そのような言葉には耳を傾けまい、私も三木と同じように「私は何も知りません。ただ私は純粋な心はいつでも夢みるものだと思っています」と答えようと思っていた。

三木清が『語られざる哲学』を書いたのは、二十二歳の時だった。私はいくつになっても「世なれた利口な」人になれないでいる。なりたいとも思わない。

どうすれば、理想主義者として生きることができるだろうか。何があってもエクセントリックな人生を生きると決めておけばいい。「エクセントリック」(eccentric)という言葉は「常軌を逸した」というようにネガティブな意味で使われるが、三木はこれの名詞である「エクセントリシティ」(eccentricity)を「離心性」と訳している。「離心」は「中〈心〉から〈離〉れる」という意味である。「中心」というのは常識的な価値観である。

〈エクセントリックになり得るということが人間の特徴であり、それ故にこそ古来あのようにしばしば中庸ということ、ほどほどにということが日常性の道徳として力説されねばならなかったのである〉(「シェストフ的不安について」『三木清全集』第十一巻所収)

しかし、「ほどほどに」生きるのではなく、エクセントリックに生きていけない理由はない。成功をしなくても失敗しない普通の人生を生きられたらいいと思っている人でも、ほどほどの人生を生きるだけでは満足できないのではないか。現実的になった人はエクセントリックに生きたいのに、夢をしぼませ安全な人生があるという思いこみの中に逃げてしまったのである。

人生の歯車としての痕跡

私たちは人生とは不可思議なものといえない理由を見出すことになる。たとえ記憶力がよくなくて、途中いくつかの歯車が抜けたように見えたとしても、とにかく、人生は互いに嚙み合った歯車装置に似ているのだから。すべてのものには痕跡が残ることになっており、だから、私たちは少し時間が経ってからやっと最初の歯車が何だったかがわかるのだ。

（김연수「세계의 끝 여자친구」『세계의 끝 여자친구』
キム・ヨンス「世界の果て、彼女」『世界の果て、彼女』所収）

自分では何もしなくても、次々にいろいろなことが起きる。起きることは偶然であるはずだから、起きることに善悪の判断をしなくていいと思ってみても、起きたことが理不尽であり、それによってやってみたいと思っていたことを断念しなければならない事態が起きる。その時、自分ではどうすることもできなかった場合であっても、一体、なぜこんなことが起きたのかとなぜそんな目に遭ったのだろうか悩むことになる。

そして、偶然ではなく、必然的だったと考えることで納得しようとする。キム・ヨンスの小説中の言葉でいえば、途中の抜けたように見える歯車を探し、一切の歯車が嚙み合っているとわかれば、自分に降りかかった苦難を受け入れることができると考える。

中学生の時、自転車で走行中、バイクと正面衝突して大怪我を負ったことがある。もしもあの時出かけていなかったら事故に遭わなかっただろうと思った。出かけていたとしても、あと数十秒前か後にその場を通過していたら事故に遭うことはなかっただろうと思った。

なぜこんな目に遭ったのかと思わないですむかもしれないと、途中欠けているように見える歯車をすべて見つけようと思った。そうする中で、私はすべての歯車を見つけたら、結局、生まれたから事故に遭ったと考えるしかないことに思い当たった。

しかし、そう考えたら、生きることが虚しくなった。それまでの人生をその時々で自分の意思で選んだと思っていたけれども、そうではなかった、すべてが必然になることに思い当たったからである。

なぜこんな目に遭うのかを納得するために、意味を求めることもある。母が四十九歳で亡くなった時、こんなことがあってはならないと思ったが、その母の死には何か意味があるのではないかとも思った。

しかし、起きることにはすべて意味があるのか。地震などの災害、戦争や原発事故は意味があるのか。起こったことには意味があるとすれば、無意味な死ではなかったと思えるかもしれないが、この世の悪に対して誰も責任を負う必要がないことになり、責任の所在が曖昧になる。

災害が起きることを人間はどうすることもできないが、近年の気候変動による災害は発生を止める、少なくとも遅らせるための手立てがまったくないわけではない。福島の原発事故は地震と津波によって引き起こされたが、そもそも原発がなければ起きなかった。事故後の対応も含めて、原発事故は人災である。そのような人災までも必然の歯車の中に組み込んでしまえば、責任の所在が見えなくなる。

伊坂幸太郎の小説の登場人物が、「世の中には、逆らえない大きな流れがある」と語っている（『ＰＫ』）。不思議な流れというか、いろいろなつながりで溢れているとして、オーストリア皇太子夫妻のサラエボでの暗殺が第一次世界大戦につながったことが例としてあげられている。皇太子夫妻がやってきた時、サラエボでは反発する人が多かった。その日五人が暗殺に失敗した。五人目が爆弾を投げたが失敗したことを知った六人目はがっかりして喫茶店に入った。皇太子は爆弾騒ぎに怒り、ここにはいたくないと立ち去ろうとしたが、その姿を喫茶店で落ち込んでいた六人目が見つけて殺害、世界は戦争に巻き込まれていった。

〈小さな変化の積み重ねが、まったく予想しない、世界の変化に繋がる〉（前掲書）

個人の人生にも大きな力が働き、逆らうことはできないのだろうか。ある年、東京大学の入学試験が中止になった。東京大学を志望していた学生は、次の年まで待つか、他の大学を受験した。そのことは人生を変えることになっただろうか。

いつもポケットに鉛筆を

ほかに何も学ばなかったとしても、長い年月のなかで私もこれだけは学んだ。すなわち、ポケットに鉛筆があるなら、いつの日かそれを使いたい気持ちに駆られる可能性は大いにある。自分の子供たちに好んで語るとおり、そうやって私は作家になったのである。

（ポール・オースター『トゥルー・ストーリーズ』柴田元幸訳）

ポール・オースターは八歳の時、初めて大リーグの試合に行った。試合の後、ニューヨーク・ジャイアンツのウィリー・メイズの姿を目にした。メイズは、ユニフォームから普通の服に着替えて、オースターのすぐ目の前に立っていた。ありったけの勇気を奮い起こしていった。

「サインしていただけませんか？」

「ああ、いいよ」とメイズはいったが、「坊や、鉛筆は持ってるか？」とたずねた。ところが、オースターは、鉛筆を持っていなかった。親も、その場にいた大人たちも誰も鉛筆を持っていなかった。彼は肩をすくめていった。「悪いな、坊や」。そして、野球場を出て、夜の中に消えていった。その夜以来、オースターはどこに行くにも鉛筆を持ち歩くようになった。鉛筆で何かをしようという目的があるわけではなく、「ただ、備えを怠りたくなかったのだ。一度鉛筆なしで不意打ちを食ったからには、二度と同じ目に遭いたくなかったのである」（前掲書）。

チャンスがいつ訪れるかはわからないが、その時のための準備をしておくことはできる。ポケットに辞書をいつも入れていた人を知っている。中学生の頃から学校に行かなくなり、十年ほど引きこもっていた若者が私のところにやってきたことがあった。コートの片方のポケットから本を取り出した。ポール・オースターの小説だった。

「ポール・オースターの本が好きなのです。でも、僕は学校に行かなかったので、漢字を読めないのです。それで、これではダメだということは知っているのですが」

と、もう一方のポケットから今度は国語辞典を出してきた。

「僕は総画索引が引けないので、漢和辞典ではなく、国語辞典を使っているのです」

彼が学校に行っていれば、漢字を読めて、新聞でも小説でも辞書を引かないで自在に読めるようになっていただろう。しかし、学校に行っていたら、勉強を強いられた結果、むしろ、本を好きにならず、その後の人生においても、本をあまり読まなかったかもしれない。ポール・オースターについて熱く語る彼からは、読書が好きでたまらないという思いが伝わってきた。

本との出会いも人との出会いと同じく、偶然的なところがある。私はこの時まで、オースターの小説を読んだことがなかったが、彼に影響されて読み始めた。

人との出会いが人生を変えることはあるが、人生を変えうるような本に出会うほうがはるかにたやすいように思う。それでも、出会った本が人生を変えるためには準備が必要である。彼がいつもポケットに辞書を入れていたように。

人との出会いはいつも偶然のことに思える。行きずりの出会いにしないためには、準備と関係を深める努力が必要である。本の場合はただ手に取るだけではなく、読まなければ何も起こらないが、人であればただ会っただけでその出会いが意味あるものだと思ってしまう人がいるかもしれない。

〈あなたが十六、十七歳のときに相手の女性に対して抱かれた愛の心持ちは、まことに純粋なものであり、百パーセントのものだった。そう、あなたは人生のもっとも初期の段階において、あなたにとって最良の相手に巡り会われたのです。巡り会ってしまった、と申すべきなのか〉（村上春樹『街とその不確かな壁』）

若い日に出会った人が「最良の相手」であっていけない理由はないが、その人が「最良」の相手になるためには、本を読むような努力が必要である。しかし、関係をよくするための努力は決して苦痛ではない。

そのような努力をしない人は、古典や名著という評価がされている本、他の人から高く評価されている本しか読もうとしない人のように、世間的な評価でしか人を見ない人のようである。他者の評価にとらわれずに、関係を育む努力をする人であれば、若い日に最良の相手に出会えるかもしれないし、晩年に出会うことになるかもしれない。

僕、まだ子どもだよ

「そんなこと誰にもいう必要ないわ」

（マイクル・クライトン『トラヴェルズ』田中昌太郎訳）

作家のマイクル・クライトンは九歳の時に作家としての一歩を踏み出した。医学部在学中、父親は学費を払わなかった。そこで、原稿料で学校に行こうと決意したことが、作家マイクル・クライトン誕生の決定打になったのだが、それ以前にも、ジャーナリストであり、編集者である父親は彼に様々な刺激を与えた。

十四歳で、彼は「ニューヨーク・タイムズ」に旅行記を寄稿し、原稿料をもらっている。アリゾナ州にあるサンセット・クレーター・ナショナル・モニュメントを見に行った時、その場所の面白さを大半の観光客は知らないのではないかと話したところ、両親は、それならそのことを書けばいいではないかといい、「ニューヨーク・タイムズ」に寄稿することを勧めたのである。

「《ニューヨーク・タイムズ》だって？　でもぼくはまだ子どもだよ」

「そんなこと誰にもいう必要はないわ」

クライトンは父の顔を見た。

「レンジャー事務所でありったけの資料をもらって、職員にインタヴューするんだ」

と父親はいった。

そこで、クライトンは家族を暑い日差しの中で待たせておいて、何を質問しようかと考え、職員にインタヴューをした。

「まだ十三歳の息子にそれができると両親は考えているらしく、そのことに私は勇気づけられた」

とクライトンはいっている。

通常の親子関係であれば、子どもがしたいといっても、親が止めるだろう。無論、親ができるといってもできないことはあるが、挑戦してみてうまくいかなければ、再度挑戦すればいいだけのことなのに、親が先回りして止めてしまう。子どもも親に従ってしまい、挑戦して失敗するよりも、挑戦しないで失敗しないことを選ぶ。そのような人は可能性の中に生きて、後になって、もしもあの時、挑戦したらできたであろうというのである。

クライトンが「でもぼくはまだ子どもだよ」といったのは、失敗した時のために予防線を張ったのである。できるかどうかは子どもであることには関係ない。大人でもできないかもしれない。できないと思った人は、できない理由をいくらでも見つけることができる。

失敗したら平気ではいられないかもしれないが、挑戦しなかったら後々もしもあの時やっていたらと思うようになる。むしろ、そちらのほうが問題だろう。

第七章 人生は苦である

苦しみに向き合う

　冬の心で冬を見つめるのは当たり前のようだが、顧みると、そのように見られないことの方が多かった。春の心で冬を見ると、冬は寒く悲惨で虚しく、早く消えなければならない季節だ。

（한정원『시와 산책』ハン・ジョンウォン『詩と散策』）

　韓国の詩人、ハン・ジョンウォンが、何度もつらい死別を経験した友人のことを書いている。彼女を慰めたいと思った。笑顔を取り戻したように見えても、笑顔と笑顔の間に暗い窪みがないわけはない。慰めの言葉を尽くしても、いつも彼女を慰めることはできないと痛感した。

どうすれば苦しみの渦中にある人の力になれるだろうか。力になりたくてもできることはあまりない。何よりも苦しみの渦中にある人に共感することは難しいからである。

冬の心で冬を見つめることはできない。アドラーが「共感」について、他者の目で見て、他者の耳で聞き、他者の心で感じるといっていることを想起させる。本来的には、自分の目でしか見ることができないように、春になればもはや冬の心にはなれないのである。しかし、冬は、春の心で見たようにただ寒くて悲惨なものではない。

苦しみも他の人の目にはただつらいものにしか見えないが、そうではない。ただし、それは後になって本人だけがわかることであり、冬の寒さも苦しみもただつらいものではないということは他人はいえない。

〈しかし、どんなに急かされても、冬は時間を満たしてやっと去っていく、苦しみがそうであるように〉（前掲書）

春はこないのではないかと思っていても、春は必ずやってくる。それでも、冬が立ち去るまでは耐え忍ばなければならない。

〈時間がどれほど経っても「もう帽子を脱いだら」といわないこと、見守ることと沈黙

することが、唯一私ができる慰めである〉（前掲書）

帽子を脱ぐかどうか、いつ脱ぐかは自分しか決められないのである。

〈苦しみは消えない。しかし、苦しみの上にも季節は過ぎていく。季節ごとに、苦しみはいつも違う帽子を被って存在する。私たちができるのは、帽子が変わるのに気づくことくらいかもしれない〉（前掲書）

厳密にいえば、苦しみが帽子を被るのではない。

〈私は彼女が被った帽子をじっと見た。どんな帽子を被っても、彼女の美しさが損なわれることはなかった〉（前掲書）

苦しみは帽子であって「彼女」ではない。彼女が苦しみの帽子を被り、苦しんでいるのである。

苦しみは「属性」である。属性とは「事物や人の有する特徴・性質」という意味である。「彼女は美しい」という時の「美しさ」が属性（彼女に属している性質）である。

帽子を変えても、帽子を被る人は変わらない。変わらないのは彼女の美しさではなく、彼女自身である。その彼女の美しさも変わっていく。それでも、彼女自身は変わらない。

彼女の苦しみも属性であり、帽子である。帽子は脱ぐことができる。だから、周りの人は帽子を脱いだらといえないけれども、脱ぐことを自分で決心すれば、苦しみは消えるのである。苦しみの渦中にいる人はそんな決心をすることはできないと思うかもしれないが。

ハン・ジョンウォンは小鹿島《ソロクト》でボランティアとして働いた時のことも書いている。この島で療養するハンセン病患者のほとんどが、日帝（大日本帝国）の強制占領期から暮らしている。すぐに故郷に帰れると思っているうちに、八十年余りの歳月が流れた。強制労働に駆り出され、人体実験の犠牲にもなった。家族と生き別れたり、虐殺されたりした人もいた。生き残った人は証人のように、手と足の指、瞳を失った。

このようなことを聞けば、誰もが不幸が彼らを襲ったと考えるだろうが、ハン・ジョンウォンは、そうは考えない。

〈私が学んだのは、正常でない外貌が人を醜くしたり、不幸が人間の尊厳を害したりしないということ、外に現れる条件に押し潰されず、格を守るということ〉（前掲書）

人間が意思に反して強いられた苦しみは、いつまでも消えないように見える。しかし、この苦しみも、不幸も属性であり、帽子のように脱ぐことができる。その決心ができるまでは長い時間が必要だが。

苦しんでいる人のために何ができるだろうか。何らかの行為によっては力になれない。自分の決心でいつか苦しみの帽子を脱げる日がやってくると信じ、待つことしかできない。

ハン・ジョンウォンの印象に残っている小鹿島のおばあさんはベッドで身体を起こすことができず、目も見えなくなっていた。それなのに、毎日、歌を歌っていた。その元気な歌声は、他の病室にいても聞こえてきた。

〈おばあさんが元には戻らない目鼻立ちで微笑んで歌う時、私が彼女の指のない丸い手を撫でながらその歌を聴く時、私たちの間に何かがあった。私はそれを幸福と呼びたかった。幸福とは彼女や私にあるのでなく、彼女と私の間に、重ねた私たちの手の上に、そっと降りてきていた〉（前掲書）

小鹿島のおばあさんの人生は、今となっては取り返しがつかない。それでも、不幸に押し潰されることなく、微笑みながら歌うおばあさんの姿は、苦しみの渦中にある人に生きる勇気を与えた。

苦しみは、鳥が飛ぶために必要な空気抵抗のようなものである。鳥は真空では飛ぶことができない。強い風のために必死に羽ばたいても押し戻される鳥を見たことがあるが、風があればこそ鳥は空を飛べるのである。

人生の困難と向き合う

お前自身には成し遂げ難いことがあるとしても、それが人間に不可能なことだと考えてはならない。むしろ、人間にとって可能でふさわしいことであれば、お前にも成し遂げることができると考えよ。

（マルクス・アウレリウス『自省録』）

初めて『自省録』を読んだのは、母が突然脳梗塞で倒れ入院した時だった。治療は功を奏し、この分だとすぐに退院できると思っていたところ、再発作が起き、それからは状態は見る間に悪化し、地元の病院から遠くの脳神経外科のある病院に移った。

父は仕事があり、妹は結婚して家にはいなかったので、週日はもっぱら私が母の看病をすることにした。回り道してようやく大学院に入った年のことだったので、仲間に後れを取ることが気がかりだったが、私が病院にいられたのはよかった。当時は完全介護ではなかったのか、重体だったのでいつでも家族が側にいるようにと医師にいわれたのか、今となってはわからないのだが、ずっと病院にいたので、私も入院している気がした。

やがて、意識を失った母の病床でできることはほとんどなくなった。病床で本を読んでいた。その中に『自省録』があった。

アウレリウスは自分に「お前」と呼びかけている。『自省録』を翻訳した神谷美恵子は、次のようにいっている。

〈この中で皇帝は自己に語りかけているのだが、ふしぎなことに、それがそのまま私に語りかけられているような思いがした〉（『遍歴』）

意識が戻らない母を見ても、このまま母が死ぬはずはないと私は母の死を受け入れたくはなかったが、主治医に助からないといわれ覚悟した。

私も『自省録』を読んでいると、アウレリウスから呼びかけられている気がした。親を亡くした子どもはお前だけではない。どれほど耐えがたいことに思えても、自分だけが体験することではなく、これまでも多くの人が体験し乗り越えてきたのだから、お前も乗り越えられないことはない、と。

〈本性上耐えられないことは誰にも何一つ起こらない〉

〈起こることすべてを難儀なことに思えても喜んで受け入れよ〉

（マルクス・アウレリウス『自省録』）

ストア哲学では、起きることを権内にあるものとないものに分ける。「権内にある」というのは、自分の力が及ぶ範囲内にあるということである。

権内にないものを求めても甲斐がない。いつどこに生まれるかは自分で決めることはできない。偶然にこの世界の中に投げ込まれ、そして、偶然にこの世界から引き離される。しかし、この人生をどう生きるかは決められる。権内にあるのに、初めから何もできないと諦めていることが多いように思う。

母は入院した初めの頃は、身体は自由に動かせなかったが意識ははっきりしていたので、私が大学生の時に母にドイツ語を教えるのに使った教科書を持ってきてほしいといった。

やがて根気がなくなってドイツ語の勉強ができなくなると、母はドストエフスキーの『カラマーゾフの兄弟』を読んでほしいといった。高校生の時に私が夏休みの間ずっとずっと読んでいたのを母は覚えていたのだ。

私は最初から母に読み聞かせたが、やがて聞いている間にうつらうつらするようになり、読むのを諦めた。三ヶ月の闘病後、母は亡くなったが、それでもどんな状況においても人は自由でいられることを母は教えてくれた。

どんな逆境にあっても自分を見失わない不退転の強さは必要だが、それは決して忍従することではない。権内にあるのであれば、行く手を遮るように見えることが起きても絶望することなく、できることをしていきたい。行く手を遮るのが人や権力であれば、黙っていないで、声を上げ、状況を改善するためにできることをしたい、するべきだと思った。

逃れる道はある

あなた方が遭った試練で、人間が耐えられないものはなかった。神は真実である。あなた方が耐えられないような試練に遭わせることはないばかりか、試練と同時に、それに耐えられるよう逃れる道も備えてくださるのである。

（「コリント人への第一の手紙」）

アウレリウスは、苦難を避けることはできない、しかし、それにどう立ち向かうかは選ぶことができる、気高く耐えようとしかいわないが、聖書には神は試練と同時に「逃れる道」も備えてくださると書いてある。

私にとっての試練は、母の死を受け入れることだけではなかった。長く続く母の看病はつらかった。夕方になると父が会社から病院に立ち寄り、日が変わる頃まで代わってくれた。その間、家族の控室で仮眠した。父が帰ると、次の日の夕方まで母の側にいるという生活が長く続いた。

この聖書の一節を読んだ時、私は、試練から「逃れる道」とは母の死ではないかと思ってしまった。そんなことを思った自分を責めた。

ある日、あと一週間病院にいれば、私のほうが母よりも先に死ぬのではないかと思った。それから、間もなく母は亡くなった。

そんなふうに思ったことと母の死にはもちろん因果関係はない。しかし、当時はそんなふうに私が思わなければ、母はもう少し長く生きられたのではなかったかと自分を責めた。


〈理にかなった考え方をすれば、死んだ人に対してやってやれなかったことに罪の意識を抱くというのは、避けがたい感情である〉

（デイヴィッド・リーフ『死の海を泳いで』上岡伸雄訳）


母が亡くなってから、スーザン・ソンタグの息子であるデイヴィッド・リーフがこのように書いているのを読んだ時に、母が死ねば試練から逃れられると思ったために「罪の意識」を抱いていたことに気づいた。

長く看病や介護をした経験のある人には、親や子どもがよくなることを願っているはずなのに、その現実から何らかの仕方で逃れようと思ったことがあるだろう。リーフはいう。罪の意識なしに生きていくには、「その人の望むことすべてに文字通り従うしかないだろう」（前掲書）。しかし、実際にはそんなことはできない。

今は、「逃れる道」を違った意味で理解している。母と過ごした日々は私にとって試練であり、母の死を受け入れるには長くかかったが、この経験をしたので、母の入院前に思い描いていたのとは違う人生を生きることになった。母と共に帰宅した私は、それまで人生に敷かれていると思っていたレールが消えてしまったように思えたのである。

母と共に病院で過ごすことで、成功などの世間的な価値には意味がないことを知ってしまった。哲学を学んでいた私はお金とは縁がない人生を送るだろうとわかっていたが、なお野心はあった。しかし、母を見ていて、そういうものは死の床にある時には、何の価値もないことを知ってしまったのである。

大学に戻った時は、もはや以前の自分ではなかった。それから何年も大学院に在籍し、ギリシア語のテキストを読むトレーニングを受けたが、大学で教えることにそれほど魅力を感じなくなった。逃げたのか。それが神のいう「逃れる道」だったのか。そうではない。真の人生の価値を知ることが私にとって「逃れる道」だった。

撤退する勇気を持つ

「もっと驚くのはね、行進の途中で雨が降ってきた時だ。彼らは濡れた葉っぱを惜しげもなく捨てる」

「どうして？」

　思わず私は尋ねた。

「濡れた葉っぱは、腐って巣を台無しにしてしまうからだよ。手間ひまをかけて、苦労して運んできて、もうすぐそこが巣、というところまで来ているのに、彼らはちっとも文句を言わないんだ。ふて腐れるのもいなければ、ズルをするのもいない。スコールが通り過ぎるのを待って、また最初からやり直す。ただひたすら、黙々とね」

（小川洋子『人質の朗読会』）


　日本人七人と添乗員が乗ったマイクロバスが、反政府ゲリラに襲撃され、八人は拉致された。軍と警察の特殊部隊がゲリラのアジトに強行突入、銃撃戦の末、犯人グループは全員死亡したが、特殊部隊員も二名殉職、人質になっていた八人も死亡した。事件から二年後、人質たちの朗読が録音されたテープがあることが明らかになった。皆、「自分の中にしまわれている過去、未来がどうあろうと決して損なわれない過去」（前掲書）の思い出を語った。

右の引用中の「彼ら」というのはハキリアリである。このハキリアリのことは、犯人グループの動きを正確に把握するために現場の盗聴器から送られてくる音声を聞いていた特殊部隊員の語った話に出てくる。

この隊員は、人質たちの話をヘッドフォンを耳に当てて聞いていた。人質たちの朗読を録音したテープは、故人の最後の姿をしのぶせめてものよすがにと、彼が自分の判断で遺族に渡したものである。この朗読は遺族の許可を得て、ラジオ番組『人質の朗読会』が放送されることになった。

この隊員は子どもの頃、彼の家を訪れた昆虫学者からハキリアリの話を聞いたという。ハキリアリは顎で葉を切り取り、その一片一片を根気強く巣まで運んで行く。自分の身体より大きい葉を頭と顎を使って高く掲げ、何千何万というアリたちが標識も地図もないのに巣まで行進して行くのである。

ハキリアリが運ぶ葉っぱの小さな緑は、赤茶けた土の上をチラチラと流れていく。「ジャングルを静かに流れる、緑の小川」（前掲書）となって。

ところが、行進の途中で雨が降ると、アリたちは濡れた葉っぱを惜しげもなく捨てるというのである。

この話を語る兵士は、ヘッドフォンから聞こえてくる人質たちの言葉の意味はわからなかったが、彼らの語りで思い出した小川のせせらぎはハキリアリの行列が作る緑の小川だった。

〈各々、自らの体には明らかに余るものを掲げながら、苦心する素振りは微塵も見せず、むしろ、いえ平気です、どうぞご心配なく、とでもいうように進んでゆく。余所見《よそみ》をしたり、自慢げにしたり、誰かを出し抜いたりしようとするものはいない。これが当然の役目であると、皆がよく知っている。木々に閉ざされた森の奥を、緑の小川は物音も立てず、ひと時も休まず流れてゆく。自分が背負うべき供物を、定められた一点へと運ぶ〉（前掲書）

「自分が背負うべき供物」というのは、この人生で自分が果たすべき仕事のことだろうが、それが身に余ると思えることは確かにある。各自が自分の仕事をすればいいので、自慢したり他者と競争したりする必要はない。

私が注目したのは、ハキリアリが行進の途中に降ってきた雨のために濡れた葉を惜しげもなく捨てるところだ。何かを達成するために努力してきたことでも、途中で断念しなければならないことはある。しかし、その努力が時間とエネルギーをかけたものであれば断念することは難しい。

何か問題が起きた時、当初決めていたことを断念しなければ、「巣を台無しにしてしまう」とわかっていても、断念しない人がいる。「たとえ巣を台無しにしても、自分の利益になればいい」と考えるリーダーは、目も当てられない。自分だけが逃れられるはずもないのに。

悲しみ、苦しみの中になずまない

悲しみをてこにして飛躍すること。悲しみや苦しみの中になずむな、それにきよめられ、きたえられ、優しくされよ。

（神谷美恵子『若き日の日記』）

前述したように、神谷美恵子は若い日に恋人を亡くした。交際したわけでもなく、恋人同士として会ったこともなかったが、恋人の死に痛手を受けた神谷は、彼の影を何十年も引きずった。

死が何かはわからなくても、それが別れであることだけは間違いない。別れが悲しくないはずはない。だから、悲しくなどないと悲しみに目を塞ぐことはできない。しかし、悲しみが周りの人を遠ざけることを知っていなければならない。

アドラーは、悲しみは人間の本性として自然なものであるといっているが、悲しむ人は他者を非難する告発者であるともいっている（『性格の心理学』）。

悲しみは心の中だけで起きる感情ではなく、それが向けられる「相手役」がいて、その人を告発するのである。

〈悲しんでいる人にとって、高められたという感覚は、まわりの人の態度によって与えられる。悲しむ人が、誰かが奉仕し、同情し、支え、何かを与えたり話しかけられることなどによって、しばしば楽になることは知られている。泣いたり嘆くという爆発によってまわりの人に対する攻撃を始め、悲しむ人は告発者、裁判官、批判者となって、まわりの人よりも自分が高くなったと感じる。要求、懇願という特徴がはっきりと見られる〉（前掲書）

悲しんでいる人が支えられることで楽になるというのは、自分が正しかったと思えるからである。悲しんでいる人を責める人はいないだろう。悲しんでいる人を見れば、今以上に悲しませることがないよう、腫れ物に触るように接するしかないと感じることもある。こうして、悲しんでいる人は、周りの人にそう接するように強いることになり、他の人より優位に立つことができる。

〈他者の共同体感覚を自分に向けることを大いに求めるので、例えば、悲しみの段階から出たくない人がいる。なぜなら、多くの人が友情や同情を示すので、自尊感情が並外れて高められることを体験するからである〉（前掲書）

「共同体感覚」というのは、人と人が結びついていると感じられるということである。そのように感じている人は、助けを求める人がいれば、力になりたいと思う。悲しい出来事との遭遇は、生きている限り避けることはできないが、悲しんでいる時に他者の注意や関心を自分へ向けられることを学んでしまう人がいる。そのような人はいつまでも悲しみから脱却できなくなるが、悲しんでいると人が離れていくことになる。

〈怒りと悲しみは、われわれの同情を様々な程度で引き起こすけれども、人と人を引き離す情動である。人を結びつかせず、共同体感覚を傷つけることによって、対立を呼び起こすのである。悲しみは、無論、そのさらなる経過において、結びつきを呼び起こすが、しかし、両者が共同体感覚に関与するという正常な仕方ではなく、まわりの人をもっぱら与える役割に固定することになる〉（前掲書）

怒りを発散すると、怒りを向けた相手との心理的距離は遠くなる。アドラーは悲しみも人と人を引き離す情動であるという。悲しみはなぜ人と人を引き離すのか。

人は基本的には、他者に依存しないで自立して生きなければならない。それでも、他者の援助を求めなければならないことはある。

悲しむ人は他者を自分に奉仕させようとし、しかも、一方的に自分に奉仕させ、自分からは何も与えない。これが「まわりの人をもっぱら与える役割に固定する」という意味である。周りの人は悲しみに沈んでいる人を放っておけなくなるので、その意味では、人と人とが結びつくが、自分からは周りの人に与えず、ただ与えられるだけの結びつきは、正常なものだとはいえないとアドラーは考えるのである。真の結びつきは、受け取るだけでなく、相手にも与えることによってのみ、成立する。

自分からは与えることなく、いつも人の力になろうとする人からの援助を受けて当然だと思っている人は、他の人を搾取の対象にしているのである。そういう状態が長く続けば、やがて、最初は力になろうと思っていた人も離れていってしまう。だから、悲しみは「人と人を引き離す情動」だとアドラーはいうのである。

神谷は恋人を亡くすという経験によって生きがいを喪失したが、やがてこの経験をバネにハンセン病患者のためにつくした。悲しみや苦しみの中になずむことなく、「悲しみをてこにして」飛躍したのだ。

神谷のように医師として患者を救うというようなことができなくても、悲しみから少しでも意識を逸らすことができれば、悲しみは少しずつ癒される。神谷はパール・バックの小説を引きながら、悲しみとの融和について次のようにいっている。

〈自分のかなしみ、またはかなしむ自分に注意を集中している間は、かなしみからぬけ出られない〉（『生きがいについて』）

悲しみや苦しみがなくなるわけではないが、脱却するためには、本を読んだり音楽を聴いたりして、悲しみや苦しみの中心を少しでも自分から逸らすことから始める必要がある。

アドラーが「ある人」の回想を引いている。

〈（この人の）最初の回想は、弟が亡くなった三歳の時のものである。彼は葬儀の日に祖父と一緒にいた。母親は、悲しみにうちひしがれ、すすり泣いて墓地から帰ってきた。少年は母親が少し微笑んだのを見た。彼はこのことに非常に当惑していた。そして、その後も長く、弟が埋葬された日に母親が笑ったということに腹を立てていた〉（『人はなぜ神経症になるのか』）

母親がなぜ微笑んだのかはわからない。祖父がまた子どもを授かるというようなことをいったのではないかと想像する。少年は弟が埋葬されたその日に、母親が笑ったことを許せなかった。しかし、時に他者は困惑するかもしれないが、悲しみになずむことから意識を逸らしていい。

病気より大切なもの

――手をのべてあなたとあなたに触れたきに息が足りないこの世の息が　（河野裕子）――

歌人の河野《かわの》裕子は晩年乳癌を発症した。二年ほど経った頃、河野の精神状態が不安定になった。うかつにも、河野の中に鬱積し始めていた不安と不満に気づかずにいたと夫の永田和宏はいう。病む人の不安に共感することは、家族であっても難しい。万策尽きた家族が「すがった」（河野裕子、永田和宏『たとへば君』）のが、精神科医の木村敏医師だった。

〈三年が過ぎ、四年、五年と経過するうちに、徐々に彼女の爆発の程度と回数が減ってきたことは、私たち家族にとっては、前途にほっと明るい灯のともる思いであった〉（前掲書）

木村医師は強い薬を処方しなかった。河野が彼の前では心を開き、安心して話をしていた様子を私は想像する。木村医師がチューターを務める読書会に参加し直接教えを受けていた私は、河野だけでなく多くの患者から慕われていたのだろうことがよくわかる。マニュアル式の診断と投薬をよしとしなかった木村医師の揺るぎのない信念に基づく二人の信頼関係は、後に癌の転移が見つかってからも、河野に歌を作る勇気を与えたことであろう。

〈にわかに妻との時間が抜き差しならない切実なものとして、心を占め始めた。一日一日をできるだけ一緒に楽しく過ごしたいと願う。しかし、楽しければ楽しいだけ、そのことによって減っていく時間はいっそう切実に惜しまれるのである〉　（前掲書）

河野は死の前日まで歌を作った。手帳に書き残した歌は、亡くなるひと月ほどの間に二百首近くになったという。手帳ばかりか、何にでも書きつけた。いよいよ鉛筆を握る力がなくなると、話をするように歌の言葉を呟き、家族の誰かが口述筆記した。最初に引いたのが、死の前日に詠まれた最後の一首である。

〈翌十二日。やはり苦しさの発作の直後に、「われは忘れず」と呟いた。「それから？」と促すと、

「うん、もうこれでいい」と言った。

それが歌人河野裕子の歌との別れであった〉

（河野裕子、永田和宏、その家族『家族の歌』）

私は、プラトンが「書きながら死んだ」と伝えられていることを思い出した（キケロー『老年について』）。

内なる世界への沈潜

もしもあなたが牢獄に囚われていて、牢獄の壁のために世のざわめきが少しもあなたの感覚に達することがないとしても――あなたにはそれでもあなたの幼年時代という、貴重な、王者のような富、この思い出の宝庫があるではありませんか。そこへあなたの注意を向けなさい。

（Rilke, *Briefe an einen jungen Dichter*）

これは自作の詩を批評してもらうべくリルケに詩を送ったフランツ・カプスに宛ててリルケが返信した手紙の中にある言葉である。

心筋梗塞で倒れた時、私は主治医に「これからどんなに状態が悪く、たとえ一歩も外に出て行くことができなくても、せめて本を書けるくらいにはよくしてほしい」といった。この時、私はリルケの手紙の一節を思い出した。

入院中、病院から一歩も外へ出ることができず、世間から隔離されて過ごした。退院後も同じような生活がずっと続くかもしれないと思ったが、生き延びられたことがありがたかったので、たとえ入院前と同じような生活を送れなかったとしても、せめて本を書けるくらいにはよくなりたいと思った。

幸い、治療が功を奏して、外に出かけられるようになったが、完治したわけではなかった。病気が再発しなくても他の病気になったりして外に出られなくなるかもしれない。大きな病気にならなくても、歳を重ねたら身体を思うように動かせなくなるかもしれない。しかし、そうなったとしても、内なる世界へ沈潜できると思うと、これからの人生で起きるであろうことについて悲観的にならなくてもいいと思った。

入院していた時に、主治医から「本は書くといいです。後に残りますから」といわれた。本は残っても私は残らないということなのだが、以来、本を書き続けている。何かを残したいという思いがあるからというよりも、リルケの言葉を借りると、私は書かずにはいられない。

批評を求めるようなことは今後一切やめ、「書かずにはいられないのか」と自分に問うようにとリルケは書いている。もしもこの問いへの答えが「私は書かずにはいられない」というものならば、詩を書くようにと助言した。

書かずにはいられないのなら、生活をこの「必然性」(Notwendigkeit)に従って建てなさいとリルケはいう。書かずにはいられない(Ich muß schreiben)という時のmußは、書かなければならないという義務ではなく、内発的に書くという意味である(Rilke, *Briefe an einen jungen Dichter*)。

内発的に書くのであれば、自分の詩が人からどう批評されるかは気にならない。書く内容は外にあるものでなくていい。「思い出の宝庫」に書いてみたいことは山ほどある。

身体の声を聞く

未来をうつすわたしのこころの鏡は、わたしの死が近いことを告げているのです。

(澁澤龍彥『高丘親王航海記』)

澁澤龍彥が作中の人物に自らの死を予言するような言葉を語らせている。『高丘親王航海

記』の中で、藤原薬子がこのようにいっている。

高丘親王が、雲南の湖を船で渡っていた時、ふと首を伸ばし、鏡のように澄んだ水面を覗き見ると、自分の顔が映っていなかった。親王は、蒙という名の随行者の言葉を思い出した。

〈蒙のいうところによれば、湖水に顔のうつらぬものは、一年以内に死ぬという。迷信だとは思いながら、親王はどきりとした〉（前掲書）

澁澤はこの小説を雑誌に連載していた頃から、喉の痛みを訴えるようになった。

この時、澁澤が死を予感していたかどうかはわからないが、高丘親王には「あくまでも漠然とした予感」と語らせている。この作品では高丘親王は最後は虎に食べられて死ぬわけだから、澁澤の胸中にあったのは漠然とした予感どころではなかったかもしれない。

親王も、澁澤自身と同じく、最初は喉の異物感を訴えている。もしも死にゆく高丘親王に自分自身を何らかの意味や程度において重ねていなければ、澁澤は『高丘親王航海記』を書くことはなかったのではないかと思う。

頭痛や不快感よりこのほうがまだいいかと、最初は呑気にかまえていたが、やがて喉の痛みと咳が激しくなり、受診したところ悪性腫瘍の疑いがあり、即入院を告げられた。

〈彼は一言「早く来ればよかったね」と言って黙ってしまいました〉

（澁澤龍子『澁澤龍彥との日々』）

人が身体の警告に耳を貸さない場合でも、身体は本人が自覚しないうちに、死の影を忍ばせ、人はそれと知らずに言葉として語る。

その言葉の意味は、後にその人の言葉を家族や友人らが思い出した時に明らかになる。最初は痛みなどがあっても無害な解釈をしたり、受診よりも優先するべきことがあると考え、身体の呼びかけに耳を塞ぐ。少しの異常でも死の予感に囚われる人はいるが、何が起きても自分だけは死なないと思っている人もいる。

澁澤は一旦家に帰ると、雑誌に連載していた原稿を書き上げ、翌日出版社に送った。

〈その文章にまったく乱れはなく、いつものとおり。それがかえって悲しくもありました〉

（澁澤龍子、前掲書）

第八章

死を忘れるな

死を前にしても踊り続ける

ある晩、ツァラトゥストラが弟子たちと共に森を歩き泉を探していたら、木々や茂みにひっそりと囲まれた緑の草地に出てしまった。そこでは乙女たちが手を組んで踊っていた。彼女らは彼を見ると踊りを止めてしまった。しかし、彼は友好的な態度で近づいて、こういった。

「娘さんたち、踊るのをやめなくていい。私はあなたたちのところへ遊びの邪魔をするために、意地悪い目をしてやってきたのではない。私は乙女たちの敵ではない（中略）。

――たしかに、私は森であり、暗い木立の闇だ。だが、私の暗闇を怖がらない者は、私の糸杉の木立の下に薔薇の斜面を見出すだろう」（ニーチェ『ツァラトゥストラ』）――

『ツァラトゥストラ』は、十年孤独を楽しんで倦まなかったツァラトゥストラが、山から下りてくるところから始まる。ここでいわれる「暗い木立の闇」は死の喩えだろう。死は、生きている限りは体験できず、臨死体験をした人はあっても、死それ自体を体験した人は誰もいないので、死がどのようなものであるかは誰も知らない。知らないものが怖いかどうかはわからない。死が何かはわからないので、闇であり暗いけれども、「敵」ではない。

『ツァラトゥストラ』のこの箇所を引いて田中美知太郎はいう。

〈死の自覚こそ生の愛である〉（「死すべきもの」『田中美知太郎全集』第七巻所収）

死から目を背けないことが、かえって生を愛することを可能にするのであれば、死を恐ろしいものと見ないで死と向き合わなければならない。

なぜ死から目を背けないことが、かえって生を愛することを可能にするのか。人生の終わりに死があることを知ってしまうと、元には戻れない。不意に死の闇を見てしまうと、絶望してしまう人もいる。しかし、踊るのをやめなくていい。いつまでも踊り続けることはできないが、踊ることが喜びであれば、踊れなくなる日まで踊り続ければいい。死のことばかり考えず、今を楽しんで生きていい。

問題は、死を前にして何が本当に価値あることなのかを見極める必要があるということである。山本文緒が次のようにいっている。

〈私はなんとなく自分の寿命を90歳くらいに設定していて、贅沢をしなければそのあたりまでは生きていけるお金を貯めた。

そのお金は私に安心を与えたけれど、今となってはもう少し使っても良かったのかもしれない。例えばもう仕事は最小限にして語学をやったり体を鍛えたり、お金じゃなくて時間のほうを使えばよかったのかもしれない〉（山本文緒『無人島のふたり』）

がん告知から亡くなるまでの日記が残されている。私は山本の日記を読んで、人生で本当に大切なことは何なのかを考えさせられた。こんなに早く死ぬとわかっていたらと思った時に、それまでの人生で価値があると思っていたことのほとんどすべてが何の価値もなかったことに気づく。

私が脳梗塞で病床にあった母を見て考えたのは、人がこんなふうに身体を自由に動かせなくなった時でも、なお残るものがあるかということだった。

お金ではなく時間を使えばよかったと死を前にして思い当たるのでは遅すぎるともいえるが、この先、長くは生きられなくなるかもしれないという経験をした時に価値観が変わったのなら、その時点から生き直すしかない。必ず生き直せる。

死を前にして穏やかでいることはできない

どんなにいい人生でも悪い人生でも、人は等しく死ぬ。それが早いか遅いかだけで一人残らず誰にでも終わりがやってくる。

その終わりを、私は過不足ない医療を受け、人に恵まれ、お金の心配もなく迎えることができる。

だから今は安らかな気持ちだ……、余命を宣告されたら、そういう気持ちになるのかと思っていたが、それは違った。

死にたくない、なんでもするから助けてください、とジタバタするというのとは違うけれど、何もかも達観したアルカイックスマイルなんて浮かべることはできない。

そんな簡単に割り切れるかボケ！　と神様に言いたい気持ちがする。

（山本文緒『無人島のふたり』）

これは死に直面した時の山本の偽らざる気持ちだろう。人は誰も等しく死ぬと達観できる人はいない。他ならぬこの私が死ぬとわかった時に、誰もが等しく死ぬという一般論は無力である。

自分が告知された時だけでなく、家族や親しい友人が重い病気にかかっているということを知った時、この世界は一変する。

飼い犬のエヴァンを病院に連れて行った帰り道、チャンソンの表情は暗かった。医師からエヴァンが癌に侵されていると告げられたからだ。

〈バスの窓の向こうで八月の草木の緑が無慈悲に、悠然と揺らめいているのが見えた。同じ風景が陽光も風も以前のままなのに、いきなり違う世界にやってきた気分だった。数十分の間にがらりと変わることもあるという事実に驚いていた〉

（キム・エラン「ノ・チャンソンとエヴァン」『外は夏』所収、古川綾子訳）

私の父は妹（私の叔母）が癌であることを知って以来、塞ぎ込んでしまった。父は私には何も話そうとしなかったが、すぐに何があったかわかった。父は妹が住む東京まで出かけた。用事もないのに東京に行くはずはないと思ったが、父が何をしに東京へ行ったかを母も教えてくれなかった。父の枕元には癌についての本が積まれていった。当時は今と違って、癌は治らない病気だと思われていた。叔母は癌であることを告知されていなかったはずである。叔母が亡くなった後、今度は叔父が急死し、父は次は自分の番だと嘆いたがそうではなかった。妻に先立たれることになろうとは、夢にも思っていなかっただろう。

自分自身が死に直面した時には、どんなことが起きるだろうか。神谷美恵子が次のようにいっている。

〈死と直面したひとの心に必ずといっていいほどよくみられるものは、すべてのものへの「遠のき」の現象である。世界が幕一枚へだてたむこうにみえるというとき、そのひとはすでにみんなの住む世界からはじき出されて、べつの世界から世をみている。その眼のくだす判断も、すでにべつの価値基準で行われはじめている。「死の相のもとに」人生をみるとき、どれほど多くのものがその重要性をうしなうことであろうか。どんなことが新しい意味をおびてくるのであろうか〉（『生きがいについて』）

生きている限りは死そのものを経験することはないが、死を宣告されると、「価値基準」が変わってしまう。それまで価値があると思っていたものが、まったく価値がないことに気づく。

三木清は、人生を砂浜にあって貝を拾うことに喩えている（『語られざる哲学』）。人は皆、広い砂浜で、めいめいに与えられた小さい籠を持ちながら、一生懸命貝を拾ってその中へ投げ込んでいる。その拾い上げ方は人によって違う。無意識的に拾い上げたり、意識的に拾い上げたりする。ある人は習慣的に無気力に、ある人は快活に活発に働く。ある人は歌いながら、ある人は泣きながら。また戯れるようにであったり、真面目に集めたり。

この砂浜の彼方に大きな音を響かせている暗い海がある。それに気づいている人もいれば気づいていない人もいる。籠の中には次第に貝が満ちてくるが、何かの機会に、ふいに籠の中を点検する。

すると、かつて美しいと思っていた貝が少しも美しいものではなく、取るに足らないものばかりであることに気づき愕然とする。しかし、その時、海は破壊的な大波で人をひとたまりもなく深い闇の中に連れ去ってしまう。広い砂浜は社会、小さい籠は寿命、大きな海は運命、そして強い波は死である。

死は生きていた間の一切を関係なくさせる

――いったい死ぬというと、生きていたあいだの大問題であったこと一切が何も関係がな――

くなるというのは、実に奇怪至極な話だな、と思われて来る。

（堀田善衛『若き日の詩人たちの肖像』）

召集令状が届いた主人公の「男」が、死についてこう考える。生きている間には、各人が思い悩み、中にはさらにそこから思想にまで発展させることになる問題を抱えて生きている人がいるが、死ぬ時にはそういうことが一切関係なくなる。

〈いまのおれの思想は、ほとんど完全に、いまの日本国家というものの枠からはなれてしまっているのに、このおれのからだが日本国家は要るという……〉（前掲書）

国家が個人の思想や信条などの内面的なものに踏み込んでくることは今日もあるが、国家が生殺与奪の権を持つのはそれ以上に由々しき問題である。たとえ国家にとって危険思想であっても、戦争に駆り出される時は個人の思想信条は問題にならない。国家が必要なのは、「このおれのからだ」だけだ。

〈根本的な、それこそ生殺与奪の大権を国家がもっているなどということは、いったい越権行為ではないか、という考えまでが立ちあらわれて来る。それは、召集令の来ている男にとっては、まことに具合のわるい、扱いに困ってしまう感想である〉

どんな人生を生きるかを自分では決められず、国家によって直接決められることは今は（まだ）ないが、今も高齢者が生きづらい世の中になっている。「高齢者は死ね」と、自分は決して老いないと思っている若い人がいう。自分の親に向かってそんなことをいわないだろうに。生産的価値を生み出さない、経済的に有用でない高齢者の「からだ」は国家には要らないと考える人がいるのである。

久野収は、治安維持法違反の嫌疑で逮捕され獄死した三木清について「著者の直面した状況は、戦後の現在からでは、ほとんど理解できないような〝狂気〟の時代状況であったという事情は、忘れられてはならない」（「後記」『三木清全集』第十五巻）といっている。今の社会状況は三木の生きた時代の状況と酷似し、「ほとんど理解できない」とはいえなくなっている。「若者」「男」が語る戦時中の生活を読むと、長生きすることを断念するしかなかった人々の無念が強く響いてくる。

三木は次のように述べている。

〈自分の愛する者の死を知ったとき、或いは自分自身が直接死に面したとき、死は我々すべてが従わねばならぬ自然必然性であるとして、我々は平然としているであろうか。むしろ我々はそのような打勝ち難い自然法則、自明の真理に対して憤怒を感じ、その克

服を欲せざるを得ないであろう〉

（「シェストフ的不安について」『三木清全集』第十一巻所収）

誰もが死ぬものだ、死なない人などいないのだと平然としていられる人はいないだろう。〈死はそのとき「ひとごと」、「我々すべて」のことではなく、自身の個別的な存在にかかわることである〉

（前掲書）

死も、それに先立って病気になることも「自然必然性」であるとは思えない。「自身の個別的な存在にかかわること」として病気や死に向き合うしかない。それでも、個人として死ねるのはありがたい。

生の痕跡

少なくとも私が残された側だとしたら、多少は無責任に投げだしてくれればよかったのにと思いそうです。

それは自分がその人にできることが何もなかった無力感というか、完成してしまった人生を前に亡くなった人とつながる手がかりを見失うからでしょう。なぜなら、未完結なまま残ったものは、その人が生きていた／生きようとしていた痕跡でもあるから。生きている者は、そうした痕跡をめぐって語り合い、考え、引き継いだり引き継がなかったりしつつ、亡くなった人を思い、その死を受け入れてゆけるのかもしれません。
（宮野真生子、磯野真穂『急に具合が悪くなる』）

死ぬ日がくるのを予想し、他の人が何もしなくていいようにきれいに片付ける人がいる。残された者は何もすることができず、一抹の寂しさを感じると宮野はいう。未完結なものは、亡くなった人の生きていた、生きようとしていた痕跡である。そう思えれば、死を受け入れることができる。

私の父は給料袋を、封を切らないまま母に毎月手渡していた。家のことは母がすべて管理していた。母が早世した時、預金通帳がどこにしまってあるかすら、すぐにはわからなかった。自分が死ぬことがわかっていたら、どこに何があるかをわかるようにしていただろうにと思った。だが、家族もさることながら、母自身がこんなに早く死ぬことになるとは思っていなかっただろう。

死を近くに感じて生きている人も、自分の人生を完結させて死んでいかなくてもいいと思えれば、死後のことを心配することなく、「今ここ」を生きることに専心できるだろう。

宮野は自分自身の生について次のように書いている。

〈まだ明日という時間があるのなら、私はそこで出会う人びとと今向き合って、新しく起こる何かを信じたい。そうやって未完結なものをどんどん含みながら進んでゆくことが生きていくということだと思うから。そして、最後に残った未完結な私の生を誰かが引き継いでくれれば嬉しいなと思うから。ちょっとくらいみんなに何か面倒事を残すくらいの方がいいのかもしれない〉（前掲書）

宮野はこの手紙を書いた翌月に亡くなった。

追いつけない

——蟬時雨子は担送車に追ひつけず（石橋秀野）——

石橋秀野《ひでの》は肺を患って三十八歳で亡くなった。この時、娘は六歳だった。娘は担送車（ストレッチャー）で救急車まで運ばれていく母親を泣きながら追いすがった。娘の泣き声は蟬時雨にかき消された。秀野はこの句を帳面に青鉛筆で走り書きした。この句を最後に句帳は「永遠の空白」になった（山本安見子『石橋秀野の一〇〇句を読む』）。

キム・ヨンスは「蝉時雨」に「死の気配」を読む。

〈蝉時雨を思い浮かべた時、彼女にはもう死ぬだろうという予感があったであろう。子どもの泣き叫ぶ声までも飲み込んでしまうようなその蝉の声が消えれば、彼女はこの世を去ることになるはずだった。一人だけで生きていく世であれば、運命が無理に今、世を去れといっても惜しくはないだろう。しかし、私たちには皆残される人がいるではないか。残された人の記憶の中でそれが反復される限り、悲しみは長く持続するだろう。「担送車に追ひつけず」という文章はそのように長い間持続する悲しみの一つの姿である。時間はそのように持続する〉

（청춘의 문장들『青春の文章』）

たしかに、人は死ぬ時は一人だが、残されることになる人のことを思うと胸が張り裂けそうになる。私が救急車で病院に搬送された時には、こんなふうに一人で死ぬというのはなんと寂しいことなのかと思った一方で、これから子どもたちがどんな人生を送るのか見届けられないことが心残りだった。

秀野の娘である山本安見子《やすみこ》はいう。

〈父子のいる現世と秀野の行く冥界との距離は未来永劫縮まることはない〉

（山本安見子、前掲書）

死がどのようなものであっても、それが別れであるのは間違いない。人は生きている限り、死者に追いつけない。生と死の間には絶対的な断絶がある。

私の韓国語の先生であるイ・ファンミさんが長年の闘病の末、亡くなった。私に会いたいといっているという連絡が家族からあった。もう話せないということだったが、奇蹟的に（と私は思った）長く話すことができた。

その夜、容体が急変し、翌日亡くなった。もっと他に話すべきことがあったのではないかと今も思う。「또 만나요」（また、会いましょう）と苦しい息の下から笑顔で発した言葉を思うと、今も先生が亡くなったという実感はない。これでこの世で話すのは最後になるかもしれないと思う一方で、また必ず会えるとも思っていた。会えないと思ってしまうと、本当に会えなくなると思ったというのが本当かもしれない。

八歳の娘さんから、悲しいと泣きながら電話がかかってきた。キム・ヨンスがいうように、「残された人の記憶の中でそれが反復される限り、悲しみは長く持続するだろう」が、母親との楽しかったことを思い出したらいい、その時、お母さんはあなたの側にいるから、と私は彼女に話した。生きている限り、この世で親に再会することはできないが、彼女が成長するにつれて、親の像は変わっていくだろう。

私は死に目に会えなかった韓国に住む母親のことを思った。最後の言葉は「엄마」（お母さん）だったという。

怖くなくなった、あまり

――「先に行って、怖くないことを確かめてくるよ」（伊坂幸太郎『死神の浮力』）――

登場人物の一人が子どもの頃、遊園地に出かけた時、お化け屋敷に行った。彼は怖くて中に入れなかった。父親は子どもの手を引っ張って中に入ろうとしたが、子どもは怖くてしゃがみ込んでしまった。そこで、父親は怖いかどうか見てくるといって、子どもを残して中に入って行った。ところが、父親がなかなか帰ってこないので、子どもは捨てられたのではないかと思った。結局、父親は帰ってきた。

当時のことを病気で自宅療養していた父親が回顧しながら、「先に行って、怖くないことを確かめてくる」といったのである。

この時、父親は死について話しているのである。亡くなる二日前、朦朧とした意識の中で父親はいった。

〈怖くない。大丈夫だ。俺が先に行って見てきてやるから〉

（前掲書）


無論、父親は帰ってこなかった。

こんなことがあって、息子は死ぬことが怖くなくなったという。

〈怖いけれど、ただ、いつか自分にも死ぬ時が来るけど、それはそれほど特別なことではない、と思えたというか。恐ろしいことではないというか。自然なことに思えた〉

（前掲書）


高山文彦の小説に出てくる次の言葉を思い出した。

〈あの世とは、よかとこらしいじゃないか。行ったきり、ひとりも帰って来たもんはおらん〉

（『父を葬《おく》る』）


ある講演会の後で、こんな質問をした男性がいた。

「私は震災で母を亡くし、故郷もなくしました。これから一体、どのように考えて私は生きていけばいいのでしょうか」

高山の小説の言葉を私は紹介した。

「それなら、きっと母もいいところへ行ったのでしょうね。それなら、私も早く母の元へ行きます」

「いえ、それはまだ早すぎます。あなたには仕事が残っていますから、それからでいいのです」

亡くなった人が「よかとこ」にいると思いたいが、いつまで待っても決して帰ってこない。自分がこの世にいる限り再会は叶わないことを受け入れるのは怖い。

第九章

いのちの満ちた世界で生きる

この世界は「いのち」が満ちているのに

花と木の好きなこの人の胸の中では、デイゴの木は、われわれが見るのとはまったくちがったいのちの姿をしているのにちがいない。

（司馬遼太郎『街道をゆく6　沖縄・先島への道』）

「この人」というのは、司馬遼太郎の『街道をゆく』シリーズの挿絵を描いた須田剋太である。須田は、那覇空港から糸満への途上、車の中から通り過ぎていく道ばたの木を目送するのに忙しい。

「デイゴの木です。花が咲いています」

「またありました。あ、右手にも。あれです」

須田の首は、時速六〇キロで過ぎ去ってゆく木々を送迎するのに忙しく、「なんだかおろおろしてしまっている」と司馬はいう。

私はこのくだりを読んで古代ギリシアの哲学者たちのことを思った。彼らは万物の根源を水や空気などと見たが、それらはいわゆる「物質」ではなく、「魂」であり、「神」だった。宇宙は魂を持ち知性を持った生きものとして生まれたと考えるプラトンも、この世界観の延長上に哲学を構築した。プラトンは生涯一貫して、自然を生命なき物質と見なしてはならないと主張したのである。木を切り、道を舗装し、海を埋め立て、放射能に汚染された水を海に流しても何とも思わない政治家は「いのち」など少しも見ていないのだろう。

司馬は、デイゴの木が須田の胸の中では「われわれが見るのとはまったくちがったいのちの姿をしているのにちがいない」というが、むしろ、須田の感じ方は多くの人が共感できるのではないだろうか。

猫や犬、また幼い子どもたちと生活を共にしている人にとっては、言葉が理解できるかどうかは大きな問題にならない。「いのち」を見ているので、たとえ言葉を発することがなくても、何を感じ、思っているかがわかるのである。

ハン・ガンの小説に出てくる「女」は、子どもが思いきり遊べるようにと一階に家を求めた。

〈けれども子どもは、足を踏み鳴らしたり飛び跳ねたりはめったにしなかった。お部屋で縄跳びの練習してもいいのよ、と彼女が言うと子は尋ねた。みみずやでんでん虫に、うるさくないかな？〉

（ハン・ガン『ギリシャ語の時間』斎藤真理子訳）

この子どもにとっては、みみずやでんでん虫は「いのちの姿」をしているのである。一体、多くの大人はこのような感性をいつ失ってしまったのだろうか。

ものではなく「いのち」

人を単なる生理学的肉体として取り扱うためにはその人からさまざまの資格を取り除き、一つの抽象的な境位を作らなくてはならぬ。

（和辻哲郎『倫理学』）

人の持つ「さまざまの資格」というのは、生命や、対人関係の中での役割のことである。対人関係の中にある人は「人間」である。それらを人間から抽象して身体になる。

関係性を捨象したり、生命（いのち）を生理的な身体から抽象するのは難しい。フランス語では、身体のことをcorpsというのが、この語は同時に「もの」（chose）という意味でもある（これはbody〔英〕、Körper〔独〕も同じである）。意識は脳が作り出したものであるといわれても、自分は身体＝ものだけでないことを私は知っている。

心筋梗塞で倒れた翌年、冠動脈バイパス手術を受けた。人工心肺装置を使って心臓まで止めた。ここまでしても、胸骨を切る時に、痛みのために麻酔が切れることもあるという。少しでも手術中に動いてはいけないので麻酔をかけるわけだが、ここまでしなければ人は「身体」にはなれない。

私の執刀医は「身体」にメスを入れたわけでなかった。手術を受けた後、医師とこんな話をした。その医師は、父親に自ら冠動脈バイパス手術をしたという。

「私は、父親の手術をしたんだ」

「おいくつだったのですが、手術をされたのは」

「八十歳だった」

私は父親の手術をするというのが、どんな気がするものかたずねた。

「楽だったね。だって考えてみなさいよ。私が私だけの心配をすればいいんだ。でも、君の手術をする時は、心配するのは君のことだけじゃない。奥さんの顔も、息子さん、娘さんの顔も浮かぶ。きょうだいの顔も、親の顔も。その点、自分の親の手術は楽なんだ」

私は数千回の手術をしてきたこの医師が、私の「身体」にメスを入れたわけではないことを知って恥じ入った。私は全身麻酔をかけられ、心臓が止まっている時も、「身体」だけではなかったのである。人は全身麻酔のように限りなく仮死状態に置かれて、ようやく「人間」ではなく身体になる。しかし、執刀する医師は、私の身体にメスを入れる時でさえ、なおただの身体として私を見ていたのではなかった。

人の身体が単なる生理的肉体であるためには、意識的な努力が必要である。そのことは人が本来生理的肉体ではないことを示しているのである。生理的肉体であることを可能にするためには、意識的な抽象が必要である。

ある日、看護師の一人が母の夢を見たといった。「昨日夢を見ました。ベッドにすわっておられる夢です」。その頃、母はもう意識がなかった。症状が悪化して移った病院で母がすわっている姿は誰も見ていなかった。意識のない母しか知らない看護師が母に人として接してもらっていることを知って嬉しかった。

医師の懸命の治療にもかかわらず、母の意識は戻らなかった。脳圧が高いために意識が戻らないのかもしれないとシャント手術を受けたが、それでも意識は戻らなかった。

ところが、手術を受けて数日後母が目を開けた。もう二度と目を開けることはないだろうと思っていたので、意識が戻ったのではないことはわかったが嬉しかった。

目の周りの浮腫が引いたきれいな目だった。目を開けたことを知った医師や看護師が次々と病室に駆けつけ、喜んでくれた。母は意識はなかったが、医師や看護師とのつながりの中で人間だったのである。

花や木も「もの」ではない。だから、花や木が枯れるのを見ると心を痛める。木を切り倒すことを何とも思わない政治家がいるのが信じられないが、そのような人は周りにいる誰をも「いのち」を持った人格とは見なしていないのだろう。

生きていることに価値がある

——助けを受けることを恥じるな。（マルクス・アウレリウス『自省録』）——

『自省録』の中にこんな一節がある。このようにいうアウレリウスが、自ら死を選ぶことを肯定しているように読めることを書いている。

〈急がねばならない。刻々死に近づいているからだけでなく、事物を洞察し理解する働きが死よりも先に停止するからだ〉（前掲書）

死が迫っていることよりも、判断能力が失われていくことをアウレリウスは恐れているのである。生産性、経済的有用性が重要であると考えられることがある今の時代は、身体が自由に動かせなくなったり、知的な機能が衰えたりすることを恐れる人がいる。

日本では法律で認められていないが、自分の宗教や信条からではなく、他の人に迷惑をかけたくないがために安楽死を望む人がいる。痛ましいことだ。

今は元気だが、子どもたちに迷惑をかけないために介護施設に入ろうと決める人がいるが、それは間違いだと私は思う。本当に他者からの援助を必要とする人は、他者に頼ることをためらってはいけないし、そうすることが迷惑をかけることだと思うことはない。

他者に貢献する仕方は人によって様々である。何かを作り出すことで他者に貢献できる人は、そうすることで他者に貢献する。しかし、歳を重ねたり、若い人でも病気になったりすると、そのような仕方では他者に貢献できなくなる。自分だけは決して歳を取らないと思っている人が、高齢者には生きる価値はないと考える。

しかし、誰もが生きているだけで他者に対して貢献している。これは幼い子どもたちを見ればわかる。子どもたちは生きているだけで、周りの人に貢献している。一緒に暮らしている犬や猫も何かを作り出すわけではない。生きていることに価値がある。同じことを自分に当てはめていけない理由はない。

病気や高齢のために看護や介護が必要な人も、その人の「いのち」「生きていること」(life)に価値がある。このことをまず自分自身について認められる人は、他者についても「いのち」「生きていること」に価値を認めることができるだろう。

まだ行かせるわけにはいかない

それでもなお私は、その一言が言えるようになるまで、長いことそこにじっと座っていなくてはならなかった。身をかがめて父に精一杯近づき、その窪んだ、台なしになった顔に唇をくっつけて、私はようやくささやいた——"Dad, I'm going to have to let you go."(父さん、もう行かせてあげるしかないよ)。

(フィリップ・ロス『父の遺産』柴田元幸訳)

脳腫瘍の父親を息子のロスが看取る。人工呼吸器をつなぐかどうか決断を迫られた時、ロスはどうしていいかわからなかった。機械を使うことを拒めば、父は苦闘を続けなくてもすむ。でも、どうしてノーといえよう。

〈私の父の生命、私たちが一度しか知ることができない生命を終えてしまう決断を、どうして私が引き受けられよう?〉（前掲書）

ある日、父が排便に失敗する。泣き出しそうな顔の父。息子は黙々と掃除をする。嫌悪感を捨て去り、やり終えてみると、あらゆるものが違って感じられる。人生には慈しむに足るものがたくさんあるのがわかる。

〈こうして、仕事を完了してみて、なぜこれが正しいのか、なぜしかるべき行いなのか、私はこの上なく明確に理解した。あれこそが父の遺産なのだ。あれを掃除することが、何かほかのものの象徴だからではない。むしろ何の象徴でもないからだ。あれを掃除することこそ、生きられた現実そのものであり、それ以上でもそれ以下でもないからだ〉（前掲書）

私も父の介護をしていた時、何度も下の世話をした。母が入院していた時には、病院の屋上にあった洗濯機で母のオムツを洗った。

ロスは今後訪れるであろう悲惨を思い描き、すべてが見えたと思った。

ちょうど私が日記にこのロスの小説の一節を書き写していた時に、父が入所していた施設から、急病でこれから救急車で病院に搬送するという連絡があった。夕方から父の意識レベルが低下したというのである。急いで深夜に病院に駆けつけた。

当直の医師が、延命治療はどうするかと私にたずねた。そんなことをたずねられるほど父の容体がよくないのかと動揺した。父とは延命治療について話をしたことは一度もなかったので、私はロスよりも難しい立場にいた。私が自分で判断しなければならなかったからである。

若い医師が仏教でいう阿頼耶識《あらやしき》を持ち出して「最後まで生は残りますよ」ということに驚いた。私は彼に「穏やかに着地をする援助をしてほしい」といった。

その日はもう帰れないかもしれないと思っていたが、入院することが決まり、少し落ち着いたので、早朝に家に帰ることができた。四時くらいだった。

私はロスが父にささやいた言葉を思い出した。そして、私ならきっとこういうだろうと思った。

——"Dad, I can't let you go."（父さん、あなたを行かせるわけにはいかない）

東の空に昇り始めた赤い三日月を見ながら、なおも迷った。

入院してしばらく経ってから、医師から胃瘻《いろう》を造るかとたずねられた。胃瘻で延命すれば、何年も生きることになるが、それはそれで家族がつらい思いをすることになると医師は説明した。

母の時は人工呼吸器を使った。心臓マッサージは荒々しい。家族は部屋の外に出るようにといわれたが、私は拒んだ。その時のことを思い出して、心臓マッサージは、穏やかに着地することにはならないかもしれないが、胃瘻なら穏やかな着地の助けになるかもしれないと思った。

このように考えたのは、父のことを考えての末ではなかったかもしれない。私が延命治療を拒めば、私が死の決定をする事態になるのを恐れたからかもしれない。

しかし、胃瘻で少しでも生きながらえてほしいと思ったのは本当である。意識がなくなっても、息をしているのとしていないのでは大違いである。

親に代わってどんな決断を下す運命になっても、親がそれを許してくれる信頼関係を生前築けていることが大切だと思った。はたして、父は許してくれただろうか。父は間もなく、胃瘻を造る前に亡くなった。

母のいのちも父のいのちも雲散霧消したとは思えない。須賀敦子は亡くなった人のことを

「いまは霧の向うの世界に行ってしまった友人たち」といっている（『ミラノ　霧の風景』『須賀敦子全集』第1巻所収）。霧の向こうにいる人とは会うことはできないが、「いのち」を感じられる。

第十章　世界を変える

声を上げる

私は君たちの目を覚まさせるのに、各人一人一人に膝を突き合わせて一日中説得したり、非難したりすることを少しもやめないだろう。（プラトン『ソクラテスの弁明』）

思想を表明し、同時にその思想を生きる人のことをフロムは「預言者」という（*On Disobedience*）。旧約聖書の預言者だけでなく、どの時代にも預言者は現れる。預言者は、今が危機の時代であることを教え、危機を回避するために何をすべきかを示す。預言者が表明する思想は時代を先駆けているので、まったく理解されないか反発される。危険と見なされた思想は弾圧されてきた。その思想が強力な影響力を持っているからである。預言者は神の言葉を預かるが、神の預言が実現することを願っているわけではない。もしも今の生き方を続ければ、何が起こるかを警告する。しかし、多くの人は、今の生活が心地よければ、預言者が破滅に向かって進んでいるという警告をしても耳を貸そうとはしない。

フロムは預言者の一人としてソクラテスをあげている。若者を害するという理由で告訴された時に、ソクラテスは、神は自分を虻《あぶ》のようなものとして国家にくっつけさせたのではないかと思えると、裁判員に語りかけた。

眠りかけている時に起こされる人のように、腹を立てて叩いて軽々《けいけい》に自分を殺すだろうとソクラテスがいったように、ソクラテスは裁判で死刑宣告を受けた。一体、ソクラテスは何を語ったのか。

〈世にも優れた人よ、君たちは知力においても武力においても、アテナイというもっとも評判の高い偉大な国家の一員でありながら、お金ができる限り多く手に入ることには気を使い、そして、評判や名誉には気を使っても、知恵や真実には気を使わず、魂をできるだけ優れたものにすることにも気を使わず心配もしないで、恥ずかしくはないのか〉

（プラトン、前掲書）

これは現代人にとっても耳の痛い言葉である。「魂」という言葉が出てくるが、これがどういう意味かは、後にソクラテスが「自分自身に気を使い、それより先に自分自身に付属するものに気を使うべきではない」（前掲書）といっていることからわかる。魂というのは自分自身であり、お金、評判、名誉は自分自身ではなく、自分自身に付属するものでしかない。自分自身を失えば、お金、評判、名誉がどれほどあっても意味がないということである。

理不尽なことばかり起きる今の時代には、預言者の出現を待たずに声を上げなければならない。怒らなければならない。

三木清は気分的な怒りは否定するが、不正への怒り、自尊心を傷つけられた時の怒りは認めている。「公憤」という言葉も三木は使っている。

〈正義感がつねに外に現われるのは、公の場所を求めるためである。正義感は何よりも公憤である〉（「正義感について」『三木清全集』第十五巻所収）

公憤に対して「私憤」は気分的な怒りである。私憤が他者を遠ざけるのに対して、公憤は人と人とを結びつける。だから、不正を告発したら一時的に孤立することはありうるが、支持する人は必ずいるので、孤独になることはない。

一点の恥もなく

序詩

死ぬ日まで空を仰ぎ
一点の恥もなきことを、
葉に立つ風にも
私は苦しんだ
星を歌う心で
すべて死にゆくものを愛さねば
そして私に与えられた道を歩いていかなければ

今夜も星が風に掠れて泣いている

（尹東柱「序詩」『尹東柱詩集 하늘과 바람과 별과 詩』）

『嫌われる勇気』が翻訳出版されたことで、韓国に行くことになった。私は現地の読者と直にコミュニケーションを取りたいと思って、韓国語の勉強を始めた。韓国語は、それまでヨーロッパの言語しか学んだことがなかった私が初めて学んだアジアの言葉である。やがて、韓国人の先生イ・ファンミさんについて学び始めた時、この尹東柱《ユンドンジュ》の詩集の翻訳書を、その後、韓国に行った時には韓国の出版社の編集者に原書をもらった。

尹東柱は、第二次世界大戦末期、留学中の日本で朝鮮独立運動に関与したとして、治安維持法の嫌疑で逮捕され、二十七歳で獄死した。

戦争賛美、皇威発揚を強いる軍国主義の思潮にいささかもなびかない尹東柱の詩は「時節とは無縁の心情のやさしい詩」（金時鐘「解説に代えて」『尹東柱詩集　空と風と星と詩』）に見えるが、あの時代、そのような詩を書いたことがすぐれて政治的であった。

「死ぬ日まで一点の恥もなく天を仰ぐ」という言葉は軍国主義に与《くみ》しない尹東柱の強い決意を表している。私の中でこの言葉は先に引いたソクラテスの「恥ずかしくはないのか」という言葉に呼応する。

彼と同じく治安維持法の嫌疑をかけられ収監され、後に獄死した三木清を思い出す。三木は「人間的な幸福」（『人生論ノート』）こそ優先されるべきであることを説いた。尹東柱が歌うのは、まさに三木がいう「人間的な幸福」である。それを歌うことは、人間的な幸福を否定してかかる権力への異議申し立てに他ならない。

勇気は伝染する

「よく父が言っていた。「臆病は伝染する」と。心理学者の言葉らしいが、それは説得力がある。臆病や恐怖は伝染するんだろう。一人が挫ければ、恐怖にしゃがみ込めば、隣の者もそうする。それがどんどん連鎖し、誰も未来に期待できなくなる。だから、父の小説は暗かったのかもしれない。私は読んだことはないんだが」

（伊坂幸太郎『PK』）

大臣は、最近何かに怯えているのではないかと秘書官から指摘された。その時、大臣の父親がよくいっていた「臆病は伝染する」という言葉を持ち出す。この言葉には説得力がある。臆病や恐怖は伝染するだろうと大臣はいう。

秘書官はその言葉は大臣の父親の小説にも引用されていて、続きがあるという。「臆病は伝染する。そして、勇気も伝染する」（前掲書）。大臣の父親が引用したのはアドラーの言葉である。

アドラーは、「臆病と同様、勇気は伝染する」（*Adler Speaks*）とただ臆病と勇気を並べ、どちらも伝染すると書いているだけだが、伊坂はまず臆病が伝染すると書き、小説の後半で勇気も伝染すると書いている。

人は時折巨大な何かに試される時がある。何かを決断しなければならない瞬間がある。その時、試されるのは判断力や決断力ではなく勇気である。この勇気が伝染していく。

臆病は病気のように容易に伝染する。「安易な逃げ道」（アドラー、前掲書）を探して課題から逃げる人を真似るのは難しいことではない。

逃げないで課題に立ち向かうとしても、望んだ結果を得られるとは限らない。その時に、どう対するかが問題である。他の誰かに失敗の責任を転嫁したり、責任を回避するために平気で嘘をついたりする人はいる。結果を引き受けず、他者に責任を転嫁したり責任を回避したりする人は、課題に取り組まない人と同じく、「安易な逃げ道」を見つけたのだ。

勇気は病気と違って何もしなくても伝染するわけではない。勇気を持つためには意識的な努力が必要である。そのような努力をした時にだけ、勇気は他者に伝染する。

勇気ある人を見ても、勇気が自然に伝染するわけではない。これまでの人生で課題から逃げて生きてきた人は、課題に立ち向かうと何が起こるかわからない。

だからこそ、課題から逃げないで直面するモデルが必要である。「私もあなたと同じように困難を前にして逃げ出したいと思い、実際逃げたこともあった。でも、今は困難にも立ち向かえるようになった」。そういえる人の勇気が伝染する。

問題は、この勇気を持てば、どんな課題にも立ち向かっていいのか、反対に、どんな課題からであっても、そこから逃げようとするのは臆病ということになるのかということである。

アドラーは第一次世界大戦中に軍医として参戦し、戦争神経症に罹患した兵士たちの治療をしていた。戦場では敵を殺さなければ殺される。そのような状況に置かれた兵士が心を病まないはずはない。

アドラーはこの戦争神経症は神経症の一種であり、すべての神経症には弱者の存在があると考えていた。「弱者」は多数派の考えに自分を適応させることができず、神経症の形を取った攻撃的な態度を取るというのである。

しかし、戦争神経症者も他の神経症者と同じように考えていいのだろうか。戦争神経症者が逃れようとする課題は戦争である。「多数派」と同じように戦わないからといって、臆病だと非難されなければならないのだろうか。

逃げてはいけない課題はある。しかし、他方、逃げることが許される、あるいは逃げなければならない課題も存在するのではないか。戦争はこのような課題の一つである。

戦争に加担しないことは、「多数派の考え」に自分を順応させることよりもはるかに勇気が必要である。戦争から逃れようとすることが臆病であると見なされるのは、国家という共同体の枠組みの中で戦争を考えるからである。国家よりも大きな共同体を考えると、戦争という課題から逃れることには勇気がいるのである。

第一次世界大戦時、戦場で敵と対面した兵士は、自分が先に撃たなければ確実に相手に撃たれて殺されるという状況に置かれたが、実際に銃の引き金を引いた人は多くはなかった。敵と向き合ったまさにその瞬間に「良心的兵役拒否者」になったのである（デーヴ・グロスマン『戦争における「人殺し」の心理学』安原和見訳）。

ただ逃げるだけでなく、戦わなければならないこともある。しかし、そのためには一層の勇気が必要である。自分の身に直接降りかかってこなければ、自分には関係ないと思ってしまう。火の手は間近に迫っているというのに。

〈いやだと言うべきだったんだ。
抵抗すべきだったんだ。
でも、どうやって？〉
（フランク・パヴロフ『茶色の朝』）

『茶色の朝』は、突然、「茶色のペット以外は飼ってはいけない」という法律ができるというところから話が始まる。少しずつ街が茶色に染まっていくことを怖いと思いつつも、語り手である主人公は何もしない。ところが、親友が逮捕され、ある日、とうとう自分の家の戸を誰かがノックする……。

これくらいならいいだろうと考えることをやめ、変化を受け入れてしまうことの恐怖。政府の動きは速かった。私にはするべき仕事があった。他の人たちも、ごたごたはごめんだからと何もしていなかったではないか……。

最初に声を上げるのはどんな状況においても難しいが、誰かが行動を起こすしかない。誰も何もしなければ、伝染するはずの勇気もない。

第十一章　人生をどう生きるか

今日という日を今日という日のためだけに

だんだん、そんなことも不可能でないような気がしてくる。忘れてしまえばいいのだ、一度死んだことも、いつか死ぬことも。何もかも忘れて、今日を今日一日のためだけに使いきる。そういう毎日を続けてゆくのだ、ふたりで。

（湯本香樹実『岸辺の旅』）

長らく失踪していた夫がある夜ふいに帰ってきた。既に死んでいる夫は自分の死後、妻のもとに帰ってくるまでの軌跡をたどるために、妻と共に旅に出る。

旅に出た二人はやがてこのままずっと旅をし続けることができるのではないか、さらには、ずっとどこかに住むこともできるのではないかと思うようになる。「そんなことも不可能でないような気がしてくる」のだ。

しかし、そのように思えるためには、夫がこの世の人ではないことを忘れなければならない。夫は一体なぜ失踪したのか、失踪を止められなかったのか、自分たちは愛し合っていたのだろうかなど、過去の結婚生活を振り返って考えないわけにはいかない。

しかし、現に夫はここにいるのなら、過去は不問にするしかない。夫はまたいなくなるかもしれないが、いつかわからないその時のことを今考えなくていい。夫が「一度死んだことも、いつか死ぬことも」何もかも忘れるしかない。そうして、

〈今日を今日一日のためだけに使いきる〉（前掲書）

言葉で理解できても、なかなかこのように生きることは難しい。過去を思って後悔し、未来を思って不安になるからである。過去に何があっても、そこに戻ることはできない。今日できることをするしかない。明日を思って不安になってみても、不安は問題の解決には何の役にも立たない。後悔も不安も今日できることをしないでおこうと決心するために作り出される感情である。

前向きに生きようと考えている人にとっては、今日は明日のための準備に充てられる。子どもたちは一生懸命遊ぶ時、明日に備えて力をセーブしておこうとは思わない。クタクタになって寝てしまう。大人は明日のために生きる。その明日もさらに先の日のために生きる。そうして、振り返ると本当にしたかったことをしないままに人生が過ぎてしまったことを知る。

子どもたちのように今日という日を生き切れば、過去のことも未来のことも考えなくてよくなる。心筋梗塞で入院した時、先の人生がまったく見えなくなった。夜、消灯時間を過ぎても眠れない日が続いた。先のことを考えると不安でならなかった。眠れないのはつらいので、睡眠導入剤を処方してもらった。薬を飲めばすぐに眠りにつけたが、このまま二度と目が覚めないのではないかと思うと怖くなって、錠剤を眺めながら飲むべきかどうか何時間も悩んだこともあった。

しかし、ひと月は入院しなければならないことはわかっていたので、少なくとも退院まではその後のことは考えないで、できることだけをしようと思った。私にとってそれは薬を服用し、注射や点滴の痛みに耐え、リハビリに励むことだった。

入院中は、身体を思うように動かすことはできなかったが、会話はできた。病室にやってくる人と時が経つのも忘れて話をした。もちろん、医師や看護師は忙しかったはずだが、勤務が終わってから、また非番の日に私のところへやってきた若い人の相談に乗ることもよくあった。

こうして、毎日満たされた気持ちになり、二度と目が覚めないのではないかというような不安を抱くことなく、眠りにつけるようになった。

今、ここを生きるというようなことは、現実には到達不可能な理想だという人はいるだろう。そう考える人にとって、未来は存在するからである。明日は必ずくると疑ってもいない。しかし、ひとたび病気になると、そうは思えなくなる。幸い、明日はくる。明日がこないことはないが、自分が思っていた明日ではないかもしれない。地震や原発事故のようなことがあると世界は一変する。病気で倒れた時も同じである。そんな経験をすると、人生をどう生きるかを考えないわけにいかなくなる。

そんなことがなくても、仕事などで忙しくて今日しかできないことを明日に先送りするのをやめてみたらどうなるか、試してみる価値はある。

先に無限の時間があるかのように

あわててはいけない。リールケの言ったように先に無限の時間があると考えて、落着いていなければいけない。それだけがよい質の仕事を生み出すからである。

（森有正『日記』『森有正全集13』所収）

若い時であれば、先に無限の時間があると思えた。無限でなくても、自分の人生はまだまだ続くと思える。何か熱情を持ってやり遂げたいと思えるものが見つかればそのために人生を捧げようと思えるかもしれないが、歳を重ね、これから先の人生には限りがあると思うと、そのことが仕事にブレーキをかける。

仕事だけではない。何か新しいことに着手しようとは思えない。若い時と違って記憶力がないので頑張っても知識が身につかないと思ってしまう。しかし、そう思う人は一度たりとも本気で勉強したことがないのではないか、若い時も。先に限りがあることは確かだが、それも新しいことに着手しないための理由にしているだけである。

着手した仕事が完成するかは誰にもわからない。しかし、今日できることはできる。森は次のようにもいっている。

〈灰色の陰鬱な日々に耐えることが出来なくてはならない。というのは、価値ある事が

発酵し、結晶するのは、こういう単調な時間を忍耐強く辛抱することを通してなのだから〉

（『砂漠に向かって』『森有正全集2』所収）

忍耐強く辛抱するといっても、歯を食いしばって頑張るということではない。一日にできることは限られている。逸《はや》る気持ちを抑えて、慌てないでゆっくりと仕事に取り組まなければならない。

〈木は樹液を無理に押し出すことなく、春の嵐の中に平然と立ち、夏はこないのではないかと不安になることはありません。しかし、夏は必ずきます。あたかも目の前には永遠があるかのように静かにゆったり構えている忍耐強い人々のところにだけは〉

（Rilke, *Briefe an einen jungen Dichter*）

とてもできないと途中で投げ出したくなることは私はよくあるが、目の前に永遠があるかのように取り組めば、気づけばずいぶん遠くまで行けるものだ。

人生の残りは余裕で永遠

――バスケの最後の一分が永遠なんだから、俺たちの人生の残りは、あんたのだって、余裕で、永遠だよ。

（伊坂幸太郎『逆ソクラテス』）

バスケットボールの世界では、残り一分を「永遠」というと伊坂幸太郎の小説の登場人物は語っている。もう後一分しかないと思ってしまうと、果敢なプレーはできないだろう。時間の中でプレーしている限り、もう何をしても無駄だと諦めてしまうだろうが、一分を永遠だと思えれば、この残りの一分に勝敗が決することがある。もちろん、その一分にシュートを打ってみても、必ず成功するわけではない。しかし、もうどうにもならないと思ってしまうと、何もせずに試合は終わってしまう。

人生はこの最後の一分と比べたら、「余裕で、永遠」である。若い時にはこれから先の人生は長く無限の可能性があると思えるので、たとえ失敗しても再挑戦できると思える。しかし、歳を重ねると、これから先の人生は長くないので、できることは限られていると思うようになる。残りの一分の間にシュートを打っても入らないと思ってしまう。長くかかることが予想される仕事であれば、今着手しても完成できないかもしれないと思うので、新しいことに挑戦するのをためらってしまう。

残りの人生があまり長くないと思って、新しいことに挑戦しないのではない。若い時に挑戦することを恐れていた人が、残りの人生が長くないと思った時にもためらってしまう。結果が出ることを恐れるからである。結果が出るのを恐れる人は、可能性の中に生きる。もっと若ければ何でもできるだろうに、と。

果敢に挑戦できるためには、時間についての考えも変える必要がある。

永遠というのは、時間の無限の延長ではない。フロムは次のようにいっている。

〈愛、喜び、真理を把握することの経験は、時間の中ではなく、今、ここに起こる。「今」と「ここ」は永遠である。即ち、無時間性（Zeitlosigkeit）だ〉

（Erich Fromm, *Haben oder Sein*）

この意味での永遠の中に生きていると思えれば、若い時のみならず、歳を重ねてからも、何にも着手できない、あるいは結果を出せないのではないかと恐れることもなくなるだろう。

老年だから引き受けられる

逆説的に聞こえるかもしれないが、老年は若い時よりも時間がある。若かった時、私はプルタルコスが、大カトーは八十歳でギリシア語を学び始めたと述べていることに驚いたものだが、今はもはや驚かない。あまりに時間がかかるというので若い時は避けるような仕事にも、老年になると造作なく取りかかれるものである。

——(Sommerset Maugham, *The Summing Up*)——

これは普通に考えられていることと反対である。老人は人生に限りがあると考えて、大きな仕事に着手しようとしない。他方、若い人は自分の前に長い人生があるので、大きな仕事でも手がけられると考えるが、実際には、老人と違って、若い人のほうが時間が十分あるはずなのに、手がけようとしないことがある。

なぜ老人は取りかかれるのか。モームがいうには、老年になると趣味がよくなり、若い頃にありがちな判断を歪める個人的な偏見抜きに、絵画や文学を楽しむことができる。老年になると趣味がよくなるというのは、老人の偏見ではないかと私は思うのだが、若い時には初めから手がけようともしないことが多々あるのは本当である。

モームはギリシア語の学習を例に引いているが、ギリシア語は難しいので習得に時間がかかるとか、今は誰も使わない古典語など学ぶ必要はないというのはギリシア語を学ばない口実でしかない。そもそも、そのようにいう人は、ギリシア語がどんな言語であるか知らない。

老人はそのような偏見を持たない。ふと学んでみようと思う。習得に時間がかかるのではないかとか、そもそも習得できるのかというようなことは考えないのである。

〈老年にはそれなりの充足の満足がある〉（前掲書）

魂は移りゆく瞬間を喜ぶからである。本であれば読んでいるその時々が喜びである。読み通すことは結果ではあっても、目標にはならない。

若い人が大きな仕事に着手しようとしないとすれば、数えるからである。他方、老人は残りの人生が短いことを当然のこととして受け止めているので、数えない。手がけた仕事が完成しなくても、それも想定内である。そのことで誰からも責められることはないだろうと考えられる。しかし、若い人であればそうはいかない。時間はあったのに、なぜ途中で仕事を投げ出すのかといわれかねない。

若い人は時間があっても、無駄なことをしない。正確にいえば、無駄と思えることはしない。効率的に何かを学び、何かをする。効率の悪い、時間がかかることが予想されるものには着手しようとしない。

鈴木大拙は、親鸞の『教行信証』の英訳仕事を引き受けた時、九十歳間近だった。翻訳を成し遂げられるだろうかとは考えなかったのであろう。誰かが手がけなければ、跡を継ぐ人もいない。その誰かになろうと思ったのだろう。

〈まことに、研究や学問という糧のようなものが幾らかでもあれば、暇のある老年ほど

喜ばしいものはない〉

（キケロー『老年について』中務哲郎訳）

幾らかでもあってもなくても、なければ新たに何かを新しく学ぶ場合も、老人は若い人と同じように学ぶ必要はない。競争や他者からの評価から自由になり、もはや成功するために学ぶのでなければ、学ぶこと自体の喜びを享受できる。若い人も評価と競争から自由になれば、学びは老年と同じように喜ばしいものになるだろう。

数えないで生きる

もし死なないとしたらどうだろう！　もし命を取りとめたらどうだろう！　それはなんという無限だろう！　しかも、その無限の時間がすっかり自分のものになるんだ！　そうなったら、おれは一分一分をまるで百年のように大事にして、その一分一分をいちいち計算して、もう何ひとつ失わないようにする。いや、どんな物だってむだに費やしやしないだろうに！

（ドストエフスキー『白痴』木村浩訳）

『白痴』の中でムイシュキン公爵が語る死刑囚は、銃殺刑を宣告されてからの二十分は確実に死ぬと信じて疑わなかった。私は息が苦しくなって救急車で病院に搬送され、医師から心筋梗塞だと聞かされた時、同じ思いだった。

この死刑囚は、ついに生きていられる時間があと五分ばかりであることがわかった時、この五分間が果てしもなく長い時間で莫大な財産のような気がした。そこで、この時間を次のように割り振ることにした。

まず、友だちとの別れに二分、最後にもう一度自分自身のことを考えるために二分、そして残りの時間はこの世の名残にあたりの風景を眺めるために当てることにした。教会の金色の屋根の頂が明るい光にキラキラと輝いているのを男は執拗に見た。

この男によれば、いよいよ自分が死ぬことになった時、もっとも苦しかったのは絶え間なく頭に浮かんできたが先に引いた、一分一分をいちいち計算してもう何一つ失うまいという考えだった。

厳密にいえば、死刑を免れたとしても、人生には限りがあるのだから、無限の人生が与えられたわけではない。しかし、緊迫した時間の中でもしも命を取り止めたら一分一分を計算し、何一つ失わないようにしようと決心した男の気持ちは理解できる。

ところが、彼は刑の執行直前に特赦で罪を減じられ死刑を免れた。その後、彼は無限の時間を与えられてどう生きたか。いちいち計算などすることなく、多くの時間を空費してしまったのである。助かったのだから、その後一秒たりとも無駄にしないで生きたというのではなく、多くの時間を空費したと彼がいうところにリアリティがある。

この男のような特別な経験をしなくても、これから先の人生で何か大きなことを成し遂げようと決心し、そのために一分も無駄にするまいと計画を立てる人はいる。計画を立てなければうかうかと生きてしまうことになるが、計画を立てれば、そんなことにはならず、充実した人生を生きることができるだろうと考えるのである。

しかし、どれほど強い意志で何かを成し遂げようと思っても、途中で気が変わることはある。憑き物が落ちるように関心がなくなることはある。人生は計画通りにはいかない。むしろ、一度決めたことだから是が非でもやり遂げなくてはならないと考えないほうが、本当にこれが自分が願っている人生なのか冷静に判断できる。判断を誤れば、一分どころか途方もなく長い時間を無駄にすることになる。

息詰まるような生き方をしなくていい。いちいち計算しないで生きられるのが幸せである。

後世への遺物

――次の世代に役立つようにと木を植える。

（キケロー『老年について』中務哲郎訳）――

キケローが、この新喜劇の名手、スターティウスの言葉を引いている。たとえ今、木の苗を植えても、それがどうなるかは自分の目で確かめることはできない。それにもかかわらず、農夫は仕事に励む。

自分ではない他の人のためにする将来への備えは、自分がこの世界からいなくなっても残る。

木を植えるというのは比喩で、もちろん木でなくてもいいが、何かを残すことが不死を約束するかといえばそれはわからない。しかし、亡くなった人の言葉をふと思い出す時、その人の存在を強く感じることがある。一体、何をいおうとしたのか長く考えることもある。何十年も前に亡くなった人の言葉が今も生きた力となって働いていることに驚くことがある。

心筋梗塞で入院した時、主治医から「本は書くといいです。後に残りますから」といわれた。私は三木清が次のようにいっているのを思い出した。

〈原因は結果に少くとも等しいか、もしくはより大きいというのが、自然の法則であると考えられている。その人の作ったものが蘇りまた生きながらえるとすれば、その人自身が蘇りまた生きながらえる力をそれ以上にもっていないということが考えられ得るであろうか〉（『人生論ノート』）

Ars longa vita brevis（芸術は長く人生は短い）という言葉がある。芸術と訳したが、ラテン語のarsは、ギリシア語ではtechne（テクネー）、近代語にも残っているこの言葉は「技術」という意味でもある。

この芸術、技術は長いが人生は短いという言葉には二つの意味がある。一つは、芸術や技術を極めることは人間の短い一生では難しいという意味である。もう一つは作った人が亡くなっても、その人が作り出した作品は長く残るという意味である。

後者の意味のほうが一般的だろう。普通に考えると、作者か作品かどちらの命が長いかといえば残された作品のほうが長いということになるが、三木は反対のことをいっているのである。

作者は作品よりも重要である。作者の死後も作品や業績は残り、作品の価値は長い生命を保つ。価値を失ったように見える作品も新しい解釈によって再評価されることもある。そうだとすれば、作者も生きながらえ、また、蘇るのではないか。

〈もし我々がプラトンの不死よりも彼の作品の不滅を望むとすれば、それは我々の心の虚栄を語るものでなければならぬ。しんじつ我々は、我々の愛する者について、その者

の永生より以上にその者の為《な》したことが永続的であることを願うであろうか〉（前掲書）
永続を望むのは、愛する人がなしたことではなく、その人である。ただ愛する人が遺した作品があればそれでいいとは思えないだろう。

私の義父は西陣織職人だったが、義父の遺したビロードの織物を見ると、三木がいうことが真理であってほしいといつも思う。しかし、私の仕事が次の世代に「役立つ木」になるかは、わからない。

ただ、仕事でなくても「木」になることは誰にでもできる。内村鑑三は、「われわれが死ぬまでにはこの世の中を少しなりとも善くして死にたいではありませんか」といっている（『後世への最大遺物・デンマルク国の話』）。そして、何か地球にMemento（思い出になるもの）を置いて逝きたいと、その「遺物」としていくつかの候補をあげているが、人間が後世に遺すことができる、しかも誰もが遺せるという意味での「最大遺物」は「勇ましい高尚なる生涯」（前掲書）であるという。

本などのように形として残るものでなくていい。どんな不運に遭っても絶望することなく、どんな苦難に遭っても希望を失わず、課題から逃げないで取り組む勇気を持って生きる人の生涯こそが「最大遺物」になる。完全でなくても、少しでもそのような人生を生きてみたい。

参考文献

Adler, Alfred. “Schwer erziehbare Kinder”, In Alfred Adler. *Psychotherapie und Erziehung Band I*, Fischer Taschenbuch Verlag, 1982.

Adler, Alfred. *Adler Speaks*, Mark H. Stone and Karen A. Drescher eds., iUniverse, Inc., 2004.

Alter, Cathy. ‘How my father and son’s pen-pal relationship became a lifeline for us all’, *The Washington Post*, April 20, 2020.

Bottome, Phyllis. *Alfred Adler*, Vanguard Press, 1957.

Burnet, J. ed. *Platonis Opera*, 5 vols., Oxford University Press, 1899–1907.

Dalfen, J. ed. *Marci Aurelii Antonini Ad se ipsum libri XII*, BSB B. G. Teubner Verlagegesellschaft, 1979.

Fromm, Erich. *The Art of Loving*, George Allen & Unwin, 1957.

Fromm, Erich. *Haben oder Sein*, Deutscher Taschenbuch Verlag, 1979.

Fromm, Erich. *The Heart of Man*, American Mental Health Foundation Inc., 2010.

Fromm, Erich. *On Disobedience*, Harper Perennial Modern Classics, 2010.
Fromm, Erich. *Man for Himself*, Open Road Media, 2013.
Jaspers, Karl. *Psychologie der Weltanschauungen*, Verlag von Julius Springer, 1919.
Maugham, Somerset. *The Summing Up*, Vintage, 2001.
Nietzsche, Friedrich Wilhelm. *Also Sprach Zarathustra*, Suhrkamp Taschenbuch Verlag, 1976.
Rilke, Rainer Maria. *Briefe an einen jungen Dichter*, Insel Verlag, 1975.
김연수『청춘의 문장들』 마음산책, 2004.
김연수『세계의 끝 여자친구』 문학동네, 2009.
한정원『시와 산책』 시간의흐름, 2020.
青山光二『吾妹子哀し』新潮社、二〇〇六年
アドラー、アルフレッド『教育困難な子どもたち』岸見一郎訳、アルテ、二〇〇八年
アドラー、アルフレッド『人間知の心理学』岸見一郎訳、アルテ、二〇〇八年
アドラー、アルフレッド『性格の心理学』岸見一郎訳、アルテ、二〇〇九年
アドラー、アルフレッド『個人心理学講義』岸見一郎訳、アルテ、二〇一二年
アドラー、アルフレッド『人はなぜ神経症になるのか』岸見一郎訳、アルテ、二〇一四年
天野健太郎『風景と自由　天野健太郎句文集』新泉社、二〇二〇年

参考文献

アルボム、ミッチ『モリー先生との火曜日』別宮貞徳訳、ＮＨＫ出版、二〇一八年
伊坂幸太郎『死神の浮力』文藝春秋、二〇一三年
伊坂幸太郎『ＰＫ』講談社、二〇一四年
伊坂幸太郎『逆ソクラテス』集英社、二〇二〇年
茨木のり子『茨木のり子詩集　言の葉３』筑摩書房、二〇一〇年
内村鑑三『後世への最大遺物・デンマルク国の話』岩波書店、一九四六年
大江健三郎『新しい人よ眼ざめよ』講談社、一九八六年
大江健三郎『恢復する家族』講談社、一九九八年
大島弓子『綿の国星１』白泉社、二〇一二年
太田雄三『神谷美恵子のこと　喪失からの出発』岩波書店、二〇〇一年
小川洋子『人質の朗読会』中央公論新社、二〇一四年
オースター、ポール『孤独の発明』柴田元幸訳、新潮社、一九九一年
オースター、ポール『トゥルー・ストーリーズ』柴田元幸訳、新潮社、二〇〇四年
加藤周一『小さな花』かもがわ出版、二〇〇三年
加藤周一『ある晴れた日に』岩波書店、二〇〇九年
加藤周一『『羊の歌』余聞』筑摩書房、二〇一一年

金子みすゞ『さみしい王女（下）』（『金子みすゞ童謡全集6』）ＪＵＬＡ出版局、二〇〇四年
神谷美恵子『遍歴』みすず書房、一九八〇年
神谷美恵子『若き日の日記』みすず書房、一九八四年
神谷美恵子『生きがいについて』みすず書房、二〇〇四年
河野裕子、永田和宏、その家族『家族の歌』産経新聞出版、二〇一一年
河野裕子、永田和宏『たとへば君』文藝春秋、二〇一四年
河盛好蔵『藤村のパリ』新潮社、二〇〇〇年
キケロー『老年について』中務哲郎訳、岩波書店、二〇〇四年
岸見一郎『三木清『人生論ノート』を読む』白澤社、二〇一六年
岸見一郎『希望について』白澤社、二〇一七年
岸見一郎『三木清　人生論ノート　孤独は知性である』ＮＨＫ出版、二〇二一年
岸見一郎『マルクス・アウレリウス「自省録」を読む』祥伝社、二〇二二年
岸見一郎『マルクス・アウレリウス　自省録　他者との共生はいかに可能か』ＮＨＫ出版、二〇二三年
キム・エラン『外は夏』古川綾子訳、亜紀書房、二〇一九年
金時鐘「解説に代えて」尹東柱『尹東柱詩集　空と風と星と詩』金時鐘編訳、岩波書店、二

〇一二年
九鬼周造『九鬼周造随筆集』菅野皓正編、岩波書店、一九九一年
久野収「後記」三木清『三木清全集』第十五巻、岩波書店、一九六七年
クライトン、マイクル『トラヴェルズ（上）』田中昌太郎訳、早川書房、二〇〇〇年
クリシュナムルティ、J『子供たちとの対話』藤仲孝司訳、平河出版社、一九九二年
グロスマン、デーヴ『戦争における「人殺し」の心理学』安原和見訳、筑摩書房、二〇〇四年
こうの史代『夕凪の街　桜の国』双葉社、二〇〇四年
左近司祥子『本当に生きるための哲学』岩波書店、二〇〇四年
沢木耕太郎『２４６』新潮社、二〇一四年
沢木耕太郎『深夜特急１』新潮社、二〇二〇年
司馬遼太郎『街道をゆく６　沖縄・先島への道』朝日新聞出版、二〇〇八年
澁澤龍子『澁澤龍彥との日々』白水社、二〇〇九年
澁澤龍彥『高丘親王航海記』文藝春秋、二〇一七年
島崎藤村『エトランゼエ』春陽堂、一九二二年
須賀敦子『ミラノ　霧の風景』（『須賀敦子全集』第１巻、河出書房、二〇〇六年所収）

須賀敦子『ヴェネツィアの宿』(『須賀敦子全集』第2巻、河出書房、二〇〇六年所収)
須賀敦子『遠い朝の本たち』(『須賀敦子全集』第4巻、河出書房、二〇〇七年所収)
鈴木鎮一『愛に生きる』講談社、一九六六年
関川夏央『豪雨の前兆』文藝春秋、二〇〇四年
関川夏央『石ころだって役に立つ』集英社、二〇〇五年
高山文彦『父を葬る』幻戯書房、二〇〇九年
田中美知太郎「死すべきもの」『田中美知太郎全集』第七巻、筑摩書房、一九六九年所収
ダレル、ジェラルド『虫とけものと家族たち』池澤夏樹訳、中央公論新社、二〇一四年
多和田葉子『地球にちりばめられて』講談社、二〇一八年
ドストエフスキー『白痴(上)』木村浩訳、新潮社、一九七〇年
ドストエフスキー『カラマーゾフの兄弟(上)』原卓也訳、新潮社、一九七八年
西田幾多郎『自覚に於ける直観と反省』岩波書店、一九一七年
西田幾多郎「或教授の退職の辞」『続思索と体験 『続思索と体験』以後』岩波書店、一九八〇年所収
西田幾多郎『西田幾多郎歌集』上田薫編、岩波書店、二〇〇九年
パヴロフ、フランク『茶色の朝』大月書店、二〇〇三年

参考文献

ハン・ガン『ギリシャ語の時間』斎藤真理子訳、晶文社、二〇一七年
フィスター、マーカス『にじいろの さかな』谷川俊太郎訳、講談社、一九九五年
堀田善衛『若き日の詩人たちの肖像（上）』集英社、一九七七年
堀田善衛『若き日の詩人たちの肖像（下）』集英社、一九七七年
堀辰雄『大和路・信濃路』新潮社、一九五五年
三木清『人生論ノート』新潮社、一九五四年
三木清「正義感について」『三木清全集』第十五巻、岩波書店、一九六七年所収
三木清『現代の記録』（『三木清全集』第十六巻、岩波書店、一九六八年所収）
三木清『語られざる哲学』（『三木清全集』第十八巻、岩波書店、一九六八年所収）
三木清「シェストフ的不安について」『三木清全集』第十一巻、岩波書店、一九六七年所収
宮野真生子、磯野真穂『急に具合が悪くなる』晶文社、二〇二〇年
宮原安春『神谷美恵子　聖なる声』講談社、一九九七年
村上春樹『街とその不確かな壁』新潮社、二〇二三年
森有正『いかに生きるか』講談社、一九七六年
森有正『砂漠に向かって』（『森有正全集2』筑摩書房、一九七八年所収）
森有正『バビロンの流れのほとりにて』（『森有正全集1』筑摩書房、一九七八年所収）

森有正『日記』（『森有正全集13』筑摩書房、一九八一年所収）
八木誠一、得永幸子『終をみつめて』ぷねうま舎、二〇一七年
山本文緒『無人島のふたり』新潮社、二〇二二年
山本安見子『石橋秀野の一〇〇句を読む』飯塚書店、二〇一〇年
湯川秀樹『旅人』角川学芸出版、二〇一一年
夢枕獏『エヴェレスト』KADOKAWA、二〇一五年
湯本香樹実『岸辺の旅』文藝春秋、二〇一五年
尹東柱『尹東柱詩集 하늘과 바람과 별과 詩』正音社、一九五五年
リーフ、デイヴィッド『死の海を泳いで』上岡伸雄訳、岩波書店、二〇〇九年
龍應台『父を見送る』天野健太郎訳、白水社、二〇一五年
ロス、フィリップ『父の遺産』柴田元幸訳、集英社、一九九三年
ローレンツ、コンラート『ソロモンの指環』日高敏隆訳、早川書房、一九八七年
ローレンツ、コンラート『人イヌにあう』小原秀雄訳、早川書房、二〇〇九年
渡辺一夫『渡辺一夫敗戦日記』串田孫一、二宮敬編、博文館新社、一九九五年
和辻哲郎『妻 和辻照への手紙（上）』講談社、一九七七年
和辻哲郎『妻 和辻照への手紙（下）』講談社、一九七七年

和辻哲郎『イタリア古寺巡礼』岩波書店、一九九一年
和辻哲郎『倫理学（一）』岩波書店、二〇〇七年
和辻哲郎『倫理学（二）』岩波書店、二〇〇七年

岸見一郎　Kishimi Ichiro

1956年京都府生まれ。京都大学大学院文学研究科博士課程満期退学。京都教育大学教育学部、奈良女子大学文学部、近大姫路大学看護学部・教育学部非常勤講師、京都聖カタリナ高等学校看護専攻科非常勤講師を歴任。専門の哲学と並行してアドラー心理学を研究、市井の人々に寄り添い続けながら、執筆・講演活動を行っている。『嫌われる勇気』『幸せになる勇気』『困った時のアドラー心理学』『人生を変える勇気』『アドラーをじっくり読む』『孤独の哲学』など著書多数。

中公新書ラクレ 813

悩《なや》める時《とき》の百冊百話《ひゃくさつひゃくわ》

人生《じんせい》を救《すく》うあのセリフ、この思索《しさく》

2024年 3 月10日発行

著者……岸見一郎《きしみいちろう》

発行者……安部順一

発行所……中央公論新社

〒100-8152 東京都千代田区大手町 1-7-1

電話……販売 03-5299-1730　編集 03-5299-1870

URL https://www.chuko.co.jp/

本文印刷…三晃印刷　カバー印刷…大熊整美堂　製本…小泉製本

Published by CHUOKORON-SHINSHA, INC.

Printed in Japan ISBN978-4-12-150813-3 C1295